DURF
MET STIJL

Voor mijn lieve Bunny,

Lyla, jij bent mijn inspiratie.

De dag dat jij in mijn leven kwam,

kreeg ik een doel, een richting

en onvoorwaardelijke liefde.

DURF MET STIJL

TRINNY WOODALL

KOSM•S

Kosmos Uitgevers, Utrecht/Antwerpen

Inhoud

DURF TE

GELOVEN

Wat dit boek voor je doet

In *DURF MET STIJL* laat ik je zien wat het leven mij heeft geleerd tijdens mijn reis naar een leven zonder angst.

Voor een werkelijk holistische benadering wil ik het hebben over leven, schoonheid en stijl. Misschien dat jij je niet in alles herkent, maar voor mij zijn ze allemaal van belang geweest. Ieder begint op z'n eigen plek en wordt in het leven door andere dingen tegengehouden. Ik wil je naar een podium brengen waar jij je energie op de wereld durft te projecteren en voelt dat de wereld daarop reageert.

Ik heb een groot deel van mijn carrière geprobeerd andere vrouwen te helpen zich goed te voelen over zichzelf. Kleren dragen die je een goed gevoel geven, je huid verzorgen en make-up gebruiken die je natuurlijke schoonheid verbeteren, zijn geen onbelangrijke dingen. Het zijn uiterlijke projecties van energie en vertrouwen. We kijken ook naar dingen die ervoor zorgen dat jij meer zelfvertrouwen voelt, dingen die jou in staat stellen om vertrouwen te hebben in jezelf en je keuzes.

Wanneer de vrouw die je in de spiegel ziet je energiek en zelfverzekerd aankijkt, krijg je vanzelf de impuls om zonder angst de dag tegemoet te treden. Oké, laten we beginnen.

Kom uit je comfortzone en doe het gewoon

Mijn reis naar een leven zonder angst

Een groot deel van mijn leven heeft gedraaid om leren durven. Hier lees je hoe je vertrouwen en plezier vindt.

Ik vond dat ik dit boek moest schrijven omdat ik vrouwen heb ontmoet die in hun ontwikkeling werden belemmerd door gevoelens van angst. Ik herken deze angst, want ik heb die ook gekend.

Het kan een gevoel zijn van vlinders in je buik, een stokkende adem, een gespannen gevoel op je borst, of een gevoel van ongemak en paniek in je lijf. Het gevoel dat je opeens niet meer goed kunt zien. Je voelt je letterlijk beklemd.

Mensen hebben mij altijd gezien als energiek, zelfverzekerd en als iemand zonder angst. Maar dat heb ik eerst moeten leren.

Ja, ik heb een aantal dingen bereikt, maar ik heb me echt niet altijd en overal zo zelfverzekerd gevoeld. Vaak heb ik mijn angsten onder ogen moeten zien. Dan moet ik stoppen, nadenken en me afvragen wat ik echt wil en hoe ik mezelf kan pushen dit te bereiken. Er waren moeilijke beslissingen en ik heb de angst moeten voelen, uit mijn comfortzone moeten komen en het gewoon moeten doen. Soms moet je een beslissing nemen en erop vertrouwen dat het goed komt.

Ik houd ervan nieuwe dingen te leren

Mijn twintiger jaren

De eerste keer dat ik me echt bang en onzeker voelde, was toen ik van school kwam en naar Londen verhuisde. Ik voelde me een buitenstaander, alsof ik er niet thuishoorde. Ik was in het buitenland opgegroeid en toen ik naar Londen verhuisde, voelde ik me geïsoleerd. Het leek alsof iedereen elkaar al kende en ik niet tot hun kringetje behoorde. Ik leefde voor anderen, probeerde te voldoen aan wat ik dacht dat hun verwachtingen van mij waren terwijl ik eigenlijk nog moest ontdekken wie ik zelf was. Ik experimenteerde met drugs om mijn gebrek aan zelfvertrouwen te overwinnen en begon me op een bepaalde manier te kleden en mezelf te presenteren als iemand met zelfvertrouwen. Terugkijkend op die periode, realiseer ik me dat die de meest ongemakkelijke van mijn leven is geweest omdat ik niet de tijd nam of de zekerheid had om erachter te komen wie ik werkelijk was, en om aardiger te zijn voor mezelf.

Tegen het einde van mijn twintiger jaren kwam ik uit de ontwenningskliniek en moest ik opnieuw beginnen. De afkickkliniek had me een vorm van bescherming gegeven, maar toen ik wegging en in de beginfase van herstel zat, voelde ik me ongelooflijk rauw. Dat was eng, maar het gaf me ook de kans om mijn leven helemaal opnieuw te beginnen. En ik denk dat ik toen echt begon te leren en mezelf uit ging rusten met de tools die ik nodig had om minder angstig te zijn.

Mijn dertiger jaren

Op dat punt in mijn leven begon ik na te denken over mijn carrièremogelijkheden en ik besefte dat ik veel in te halen had. Natuurlijk dacht ik dat iedereen beter gekwalificeerd was en ik had last van het *imposter syndrome* (een uitdrukking waar ik trouwens een hekel aan heb), maar ik wist dat ik het moest proberen. Halverwege de dertig had ik mijn eerste meevaller als journalist, waarna mijn carrière een vlucht nam. Toen dit gebeurde, ontdekte ik dat ik het leuk vond om nieuwe dingen te leren en dat elke vorm van kennis ongelooflijk krachtig is om dat gevoel van angst weg te nemen. Ik leerde toen dat als ik iets niet wist, ik de hulp van anderen kon vragen om de informatie te krijgen. Door met mensen te praten, verloste ik mezelf van het gevoel dat ik een bedrieger was; het gaf me het gevoel dat ik het recht had ergens te zijn.

In mijn dertiger jaren kregen veel van mijn vrienden kinderen, maar ik was bang om moeder te zijn. Ik wist gewoon niet of ik het in me had en of ik er wel goed in zou zijn. Maar ik besloot dat ik het wilde proberen. En toen gebeurde het niet. Hierdoor besefte ik dat dit iets was wat ik echt wilde en dat het de angst was die me er eerder van had weerhouden erover na te denken. Ik heb uiteindelijk nogal wat ivf-behandelingen gehad. Het was een moeilijke tijd van hoop en verlies. Ik moest een manier vinden om te leven met de angst dat iets wat ik zo graag wilde misschien nooit zou gebeuren. Toch vond ik de kracht om zonder angst te handelen en door te gaan. Nét voor ik veertig werd, werd ik hiervoor beloond. Ik werd moeder.

Mijn veertiger jaren

Ik wist niet of het mogelijk was om een balans te vinden tussen moeder zijn en carrière maken, maar ik wist dat ik het moest proberen. Ik moest blijven leren omdat meer kennis me meer zelfvertrouwen gaf. Zo kon ik uiteindelijk een beter salaris vragen, een beter contract krijgen en gehoord worden. Ik heb altijd het gevoel gehad dat ik moest werken en mezelf moest bewijzen. Ik weet dat veel vrouwen hetzelfde voelen. Weet wat je waard bent.

Mijn vijftiger jaren

Vlak voordat ik vijftig werd, vertelde iemand die iets ouder was dan ik dat je tussen de vijftig en zestig jaar de meeste vrijheid ervaart. Ik was inmiddels niet meer zo onzeker en ik wist wat ik wilde. Die persoon had gelijk. Ik voel me vrijer en tevreden met wie ik ben. Natuurlijk voel ik soms nog steeds angst - dat hoort bij het leven - maar daar laat ik me niet meer door tegenhouden. Ik heb geleerd om aan mijn eigen verwachtingen te voldoen en ik maak me niet meer druk over wat een ander van me denkt.

Er zijn in mijn leven momenten geweest waarop ik iets moest loslaten wat ik niet wilde loslaten - relaties bijvoorbeeld - omdat ik wist dat ik zo niet verder kon. Het onbekende kan heel eng zijn, maar dat kan ook gelden voor je huidige situatie. Als je niet tevreden bent met waar je bent, moet je jezelf soms toespreken, die sprong in het diepe wagen en erop vertrouwen dat er altijd een vangnet is.

Misschien had ik een aantal lessen eerder kunnen leren en een deel van de pijn op jongere leeftijd kunnen vermijden. Maar zou ik dan zijn waar ik nu ben? Misschien niet. Door te veel over het verleden na te denken, blijf je in het verleden hangen. Ik weet dat ik van mijn ervaringen en fouten heb geleerd. Er zijn momenten in mijn leven geweest dat ik het dieptepunt moest bereiken voordat ik mijn angst onder ogen kon zien en kon doen wat ik moest doen.

Niet bang zijn betekent voor mij dat je vertrouwen hebt in jezelf. Ik durf nu op een deur te kloppen zonder zeker te weten wat er achter die deur is. We zijn allemaal tot meer in staat dan we beseffen. Door manieren te vinden om ons zelfvertrouwen te omarmen en te versterken, zien we duidelijker wat we willen en krijgen we het vertrouwen dit te bereiken. En wanneer we dat hebben, kunnen we vooruit blijven gaan.

Leer te leven zonder angst

DURF MET STIJL

KEN JEZELF

KLEUR

BEKENNEN

Zo ontdek je wat bij jou past

In dit hoofdstuk gebruiken we een aantal tools om te ontdekken wat het beste bij je past. Het zijn geen echte regels, maar eerder richtlijnen om je te helpen bij je keuzes en te zien wat echt bij je past.

Wat ik in de loop der jaren heb geleerd, is dat als je je kleur en huidtype goed kunt identificeren, je makkelijker de juiste kleding, make-up en huidverzorging koopt. Als je weet wat bij je past, verdwijnt een grote barrière en krijg je meer vertrouwen in hoe je jezelf kleedt en presenteert.

Hoe vaak gebeurt het niet dat je een leuk kledingstuk ziet hangen, maar niet weet welke kleur het beste bij je past? Als je weet welke kleuren je goed staan, kun je sneller beslissen of je iets wel of niet wilt kopen. Hetzelfde geldt voor de huidverzorging. Veel mensen kopen huidverzorging op basis van hun stemming, de geur of textuur van een product. Maar als je je huidtype goed kent en weet welke huidproblemen je wilt aanpakken, kun je je concentreren op de producten die echt wat doen voor je huid, en jezelf een hoop geld besparen. Ik ken volgens mij geen enkele vrouw die alle make-up die ze heeft, ook daadwerkelijk gebruikt. Laat je niet langer verleiden tot de aankoop van een nieuwe kleur lippenstift of foundation, maar kies alleen de kleuren die bij je passen.

Als je weet hoe je voor je huid moet zorgen en wat de beste combinatie van make-up voor je is, en je dit combineert met de juiste kleurkeuze voor je kleding, beschik je over de tools om jezelf snel en vol zelfvertrouwen te presenteren. Iedere vrouw verdient dit te kunnen doen.

Als je weet wat bij je past, verdwijnt een grote barrière

Je huidtype

Misschien vind je het lastig om je huidtype te bepalen, maar het is absoluut de moeite waard om hier de tijd voor te nemen. Dit zorgt ervoor dat alle huidverzorgingstrucjes die je toepast, ook echt wat voor je doen. Alleen zo kun je de juiste producten voor jouw huidtype en probleemgebieden kiezen (zie blz. 124). Hieronder vind je de basisprincipes van jouw huidverzorgingsroutine volgens je huidtype. Zorg goed voor je huid.

Droge huid

Je hele huid voelt strak en droog aan; nergens een wat vettiger gedeelte, en soms extra droog op je wangen. Als je water op je gezicht plenst, voelt je huid strak aan wanneer deze opdroogt. De essentiële producten die jij kunt gebruiken zijn:

- Reinigende balsem
- PHA- of AHA-exfoliant
- Voedende moisturizer

Vette huid

Je huid voelt vettig aan, vooral de T-zone, en je poriën zijn zichtbaar. Zo tegen de middag voelt je gezicht in zijn geheel vettig aan, vooral je voorhoofd. De essentiële producten die jij kunt gebruiken zijn:

- Cleansing gel of face wash
- BHA- of AHA-exfoliant
- Balancerende moisturizer

Normale huid

Je huid voelt comfortabel aan; niet te vet of te droog. Je hebt geen zichtbare vettige of droge plekjes. Als je water op je gezicht plenst en laat opdrogen, voelt het prettig aan. De essentiële producten die jij kunt gebruiken zijn:

- Reinigende balsem of gel
- PHA- of AHA-exfoliant
- Lichte moisturizer

Gemengde huid

De T-zone van je huid voelt vettig aan, en je wangen zijn wat droger. Gemengd is precies wat het woord zegt. De vettige plekjes zitten vooral op je voorhoofd, rond je neus en rond je mond. Misschien heb je zichtbare poriën en je wangen kunnen normaal of aan de droge kant zijn. De essentiële producten die jij kunt gebruiken zijn:

- Reinigende balsem of gel
- BHA- of AHA-exfoliant

Nu je je huidtype kent, kun je naar het hoofdstuk **BEAUTY** gaan (zie blz. 102) en bepalen wat je belangrijkste huidproblemen zijn. Je kunt dan de juiste producten voor je huid kiezen. Je kunt weinig fout doen als je je huid kent en weet wat de juiste routine voor jou is.

Je **cleanser** en **moisturizer** moeten zijn gebaseerd op je huidtype.
Je **serum** moet zijn gebaseerd op je huidprobleem.
Je **zuur (acid)** kan zijn gebaseerd op je huidtype of je zorg.

De vorm van je gezicht

Bij het uitzoeken van een bril, sieraden en hoeden is het handig als je de vorm van je gezicht kent. Je weet dan ook beter hoe je je make-up moet aanbrengen. Kijk naar een foto van je gezicht met je haar naar achteren getrokken of in elk geval uit je gezicht. Pak een gekleurde pen (zodat het opvalt) en trek een lijn rond je gezicht. Je kunt dit ook op je smartphone doen. Aan de hand van deze omtrek bepaal je de vorm van je gezicht. Het is ook de moeite waard om te checken of je een lang of kort voorhoofd hebt ten opzichte van de rest van je gezicht.

Vierkant

Als je een vierkant gezicht hebt, zijn voorhoofd, jukbeenderen en kaaklijn ongeveer even breed. Je hebt waarschijnlijk ook een goed gedefinieerde kaaklijn.

Rond

Ronde gezichten hebben een breed voorhoofd, volle wangen en een ronde kin.

Ovaal

Ovale gezichten zijn langer dan dat ze breed zijn en hebben doorgaans goed geproportioneerde gelaatstrekken.

Lang ovaal

Een lang ovaal gezicht is langer dan dat het breed is. Meestal is je voorhoofd het breedste gedeelte van je gezicht en je gelaatstrekken zijn zacht. Misschien heb je smallere ogen.

Hart

Hartvormige gezichten hebben een breder voorhoofd en een meer uitgesproken kin. Je haarlijn is V-vormig of loopt in het midden van je voorhoofd uit in een puntje, terwijl je gelaatstrekken afgerond zijn.

Je kleuren kennen: huid, haar en ogen

Baseer de antwoorden op onderstaande vragen op je huid, ogen en huidige haarkleur (de kleur die je gezicht omlijst). Er zijn natuurlijk altijd variaties, dus kies de antwoorden waarvan jij denkt dat ze jou het beste weergeven. Daarna gebruik je de cijfers op deze pagina's als hulpmiddel om je algehele dominante tint te bepalen. Nog meer details vind je op **trinnylondon.com**.

TEINT

Let bij het vaststellen van jouw meest overeenkomende teint in de volgende afbeelding niet op haar, ogen, etniciteit, geslacht en leeftijd. We hebben deze onderverdeeld in zeven categorieën en daarbinnen zijn er opties om jezelf verder te identificeren. Bedenk dat onze huid uit meerdere kleuren bestaat en onze ondertonen kunnen warme kleuren (rood, oranje, geel) en koele kleuren (blauw, groen en paars) bevatten.

Lichtste

Alabast	Porselein	Perzik + licht roomkleurig	Bleek zacht- roze tonen
Ik heb een koele/ neutrale ondertoon. Ik verbrand snel.	Ik heb een neutrale ondertoon. Ik kan wel wat zon hebben en verbrand niet snel.	Ik heb neutrale/ perzikkleurige ondertonen. Mijn huid is het hele jaar vrij consistent.	Ik heb zachtroze ondertonen en misschien een gevoelige huid. Ik verbrand snel.
2 punten	**3** punten	**3** punten	**4** punten

Licht

Porselein olijf

Ik heb neutrale/ olijfkleurige ondertonen. Ik verbrand gemakkelijk, maar ik word ook wel bruin.

3 punten

Perzik + roomkleurig

Ik heb neutrale/ perzikkleurige ondertonen. Mijn huid is het hele jaar vrij consistent.

3 punten

Bleek zachtroze tonen

Ik heb zachtroze ondertonen en misschien een gevoelige huid. Ik verbrand snel.

2 punten

Licht medium

Rossig olijf

Ik heb neutrale/ rozige onder- tonen. Mijn huid heeft altijd een lichte blos en ik kan bruin worden.

3 punten

Perzik + getint

Ik heb neutrale ondertonen. Ik verbrand als ik geen zonbescher- mingsfactor gebruik.

3 punten

Olijf

Ik heb neutrale, olijfkleurige ondertonen. In de winter voelt mijn huid soms dof aan.

2 punten

Licht getint

Ik heb neutrale/ goudkleurige ondertonen. Ik word diepbruin en verbrand niet snel.

3 punten

Honing

Ik heb het hele jaar goudkleurige ondertonen. Ik word gemakkelijk bruin, zonder te verbranden.

2 punten

Medium

Rossig rood	Donker getint	Donker olijf	Diep honingkleurig
Ik heb rossige ondertonen en verbrand snel. Ik heb een constante blos.	Ik heb het hele jaar getinte/ goudkleurige ondertonen en word snel bruin.	Ik heb neutrale/ olijfkleurige ondertonen. 's Winters is mijn huid soms wat dof, maar ik word gemakkelijk bruin.	Ik heb het hele jaar goudkleurige ondertonen. Ik word bruin zonder te verbranden.
② punten	② punten	② punten	③ punten

Medium diep

Karamel	Goud karamel	Donker karamel	Toffee	Diep karamel
Ik heb neutrale ondertonen. Mijn huid voelt 's winters soms dof aan, maar in de zon word ik snel bruin.	Ik heb goudkleurige ondertonen. Mijn huid is consistent en ik word vrij gemakkelijk bruin.	Ik heb koele/ neutrale ondertonen. Ik heb soms een afwijkende teint rond mijn ogen. Ik word gemakkelijk bruin.	Ik heb neutrale ondertonen. Als ik bruin word, ziet mijn huid er langere tijd gebronsd uit.	Ik heb neutrale/ goudkleurige ondertonen. Mijn huid is gelijkmatig en ik word gemakkelijk bruin.
③ punten	② punten	② punten	③ punten	② punten

Diep

Diepst karamel	Donker toffee	Nootmuskaat	Kastanje
Ik heb neutrale/ goudkleurige ondertonen. Mijn huid verandert het hele jaar door.	Ik heb neutrale/ warme ondertonen. Mijn huid kan donkere cirkels vertonen, maar is consistent.	Ik heb gele ondertonen. Ik kan er heel gebronsd uitzien wanneer ik bruin word.	Ik heb neutrale/ warme ondertonen. Mijn huid is het hele jaar consistent.
❸ punten	❹ punten	❸ punten	❸ punten

Diepst

Diep kastanje	Diep kaneel	Ebbenhout	Diep ebbenhout
Ik heb enigszins rode onder- tonen en ik verbrand vrij snel.	Ik heb neutrale ondertonen en mijn huid is het hele jaar consistent.	Ik heb neutrale ondertonen. Ik word gemakkelijk bruin en ik heb een gelijkmatige huidskleur.	Ik heb koele/ neutrale ondertonen. Mijn huid is gelijkmatig, maar ziet er in de winter soms wat dof uit.
❹ punten	❸ punten	❸ punten	❷ punten

HAARKLEUR

Hier moet je kijken naar je huidige haarkleur. Je wilt je kleur immers afstemmen op het haar dat je gezicht nu omlijst, dus ook als je het hebt geverfd. Als je grijs haar hebt, is het nooit effen grijs. Gebruik daarom de kleur die jouw grijstint het meest benadert.

Brunette/zwart

Muiskleurig	Geelbruin	Warm brunette	Brunette	Donkerbruin

 punten   punten   punten   punten   punten

Heel donkerbruin   Zwart

 punten   punt

Roodharig

Aardbeien-blond	Kastanje-bruin	Koperblond	Rood	Donkerrood
4 punten	5 punten	4 punten	5 punten	5 punten

Brond

Koel brond	Neutraal brond	Warm brond
2 punten	3 punten	4 punten

Blond

Koel blond	Vaalblond	Warm blond
2 punten	3 punten	4 punten

OOGKLEUR

Kijk nu alleen naar de kleur van je ogen. Houd geen rekening met de vorm van je ogen of je huidskleur. Hiervoor moet je met goed licht in een spiegel kijken of – nog beter – vraag een vriend(in) je hierbij te helpen.

Blauw

Je ogen zijn helderblauw, met een dieper, donkerblauw aan de buitenkant.

 punt

Je ogen zijn helderblauw, zonder kleurvariatie.

 punten

Je ogen zijn vaalblauw, met wat grijstinten.

 punten

Groen

Je ogen zijn heldergroen, met een dieper, donkergroen aan de buitenkant.

 punt

Je ogen zijn heldergroen, zonder kleurvariatie.

 punten

Je ogen zijn vaalgroen, met elementen van andere kleuren, maar geen hazel.

 **punten**

Bruin

Je ogen hebben een koele, effen lichtbruine kleur.

Je ogen zijn bruin met warm oranje vlekken.

Je ogen hebben een heel donkere effen donkerbruine kleur.

③ punten　　**④ punten**　　**③ punten**

Grijs

Grijs met blauwe elementen.

Grijs met groene elementen.

Je ogen zijn effen grijs.

③ punten　　**③ punten**　　**① punt**

Hazel

Een combinatie van groen en bruin, maar overheersend groen.

Een combinatie van groen en bruin, maar overheersend bruin.

③ punten　　**④ punten**

27

Je resultaten

Je hebt nu een optimale inschatting gemaakt van je huid, haar en ogen. Als het goed is heb je nu drie cijfers. Bijvoorbeeld:

1. TEINT	= Licht medium, rossig olijf	= 3 punten
2. HAARKLEUR	= Brunette, geelbruin	= 4 punten
3. OOGKLEUR	= Helderblauw	= 2 punten
TOTAAL	**= NEUTRAAL**	**= 9 punten**

Kijk nu hieronder en rechts om je totaalscore te vinden en je natuurlijke tint te ontdekken. Er zijn 5 categorieën en iedereen behoort altijd iets meer tot de ene dan de andere categorie.

De categorie waartoe je behoort - koel, koel/neutraal, neutraal, warm/neutraal of warm - heeft invloed op alle verdere kleurbeslissingen. In de rest van het boek heb ik ook de opties gemarkeerd die het meest passen bij elke tint. Zo kun je zelfverzekerd een keuze maken en je eigen palet samenstellen.

Wie ben jij?

Koel

Als je huid meer blauw, groen en paars bevat, dan is je huid koel. Je haar is misschien zwart of koelblond en je ogen zijn waarschijnlijk helderblauw, groen of effen grijs. Zilveren sieraden passen het best bij jou.

Koel/neutraal

Als je teint wat blauw bevat en je over het algemeen niet snel bruin wordt, heb je koele/neutrale tinten. Je hebt weinig contrast, dus je haar kan een koele tint hebben en je ogen zullen licht en helder van kleur zijn. Zowel zilveren als gouden sieraden passen bij jou.

Neutraal

Als je huid het hele jaar door een gebalanceerde teint heeft, dan is je toon neutraal. Je haar bevat warmere tonen en je ogen zullen waarschijnlijk variëren in diepte en kleur. Zowel zilveren als gouden sieraden passen bij jou.

Warm/neutraal

Als je teint een beetje warmte bevat, wat roze of roodachtig, dan behoor je tot het type warm/neutraal. Je ogen zijn waarschijnlijk gemengd of donker en je haar heeft wellicht een warme en donkere kleurtoon. Goudkleurige sieraden passen het beste bij jou, maar je kunt ook zilver dragen.

Warm

Als je huid meer rode, oranje en gele tinten heeft, zonder koele tinten, behoor je tot de categorie warm. Je hebt waarschijnlijk veel warmte en roodheid in je haar en je ogen zijn erg donker, hazel of bruin met warme vlekken. Gouden sieraden passen het beste bij jou.

Koel palet

Nu je weet dat je koel van tint bent, volgt hier een overzicht van de kleuren die het beste bij je passen. Gebruik dit als een richtlijn om de kleuren die je draagt samen te stellen en als inspiratie voor hoe je ze kunt combineren en contrasteren.

Grijstinten

Vol leigrijs   Grafiet   Stormgrijs   Zwart

Neutralen

Havermeel

Rozetinten

Suikerspin   Zacht lila   Fuchsia   Magenta   Orchidee

Oranjetinten

Mandarijn

Roodtinten

Vermiljoen   Karmozijn   Watermeloen   Hibiscus   Pruimenrood

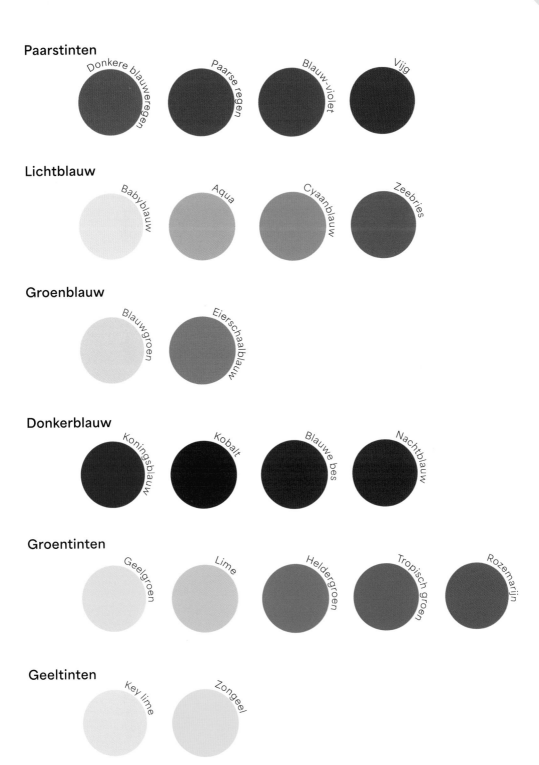

Paarstinten

Donkere blauweregen

Paarse regen

Blauw-violet

Vijg

Lichtblauw

Babyblauw

Aqua

Cyaanblauw

Zeebries

Groenblauw

Blauwgroen

Eierschaalblauw

Donkerblauw

Koningsblauw

Kobalt

Blauwe bes

Nachtblauw

Groentinten

Geelgroen

Lime

Heldergroen

Tropisch groen

Rozemarijn

Geeltinten

Key lime

Zongeel

Koel/neutraal palet

Nu je weet dat je koel/neutraal van tint bent, volgt hier een overzicht van de kleuren die het beste bij je passen. Gebruik dit als een richtlijn om de kleuren die je draagt samen te stellen en als inspiratie voor hoe je ze kunt combineren en contrasteren.

Grijstinten

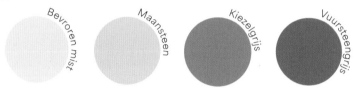

Bevroren mist · Maansteen · Kiezelgrijs · Vuursteengrijs

Neutralen

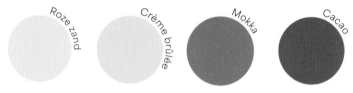

Roze zand · Crème brûlée · Mokka · Cacao

Rozetinten

Marshmallow · Kauwgum · Bloesem · Bougainvillea · Pitaja

Oranjetinten

Ranja

Roodtinten

Roze koraal · Granaatappel · Papaver · Amaryllis

Paarstinten

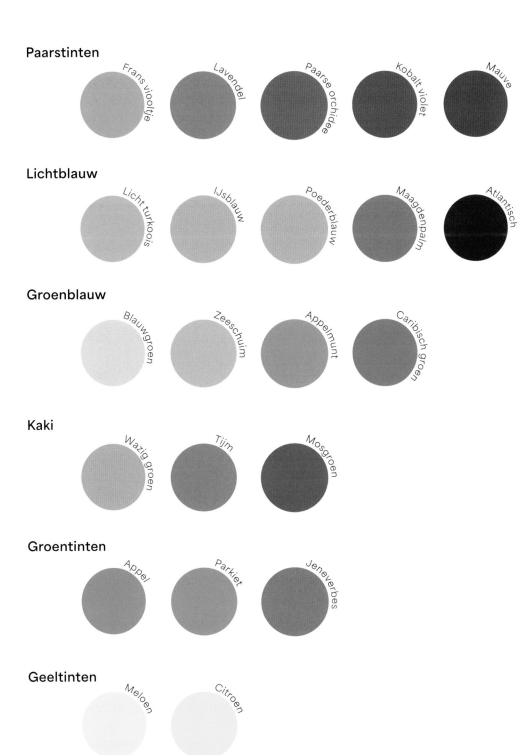

Frans viooltje — Lavendel — Paarse orchidee — Kobalt violet — Mauve

Lichtblauw

Licht turkoois — IJsblauw — Poederblauw — Maagdenpalm — Atlantisch

Groenblauw

Blauwgroen — Zeeschuim — Appelmunt — Caribisch groen

Kaki

Wazig groen — Tijm — Mosgroen

Groentinten

Appel — Parkiet — Jeneverbes

Geeltinten

Meloen — Citroen

Neutraal palet

Nu je weet dat je neutraal van tint bent, volgt hier een overzicht van de kleuren die het beste bij je passen. Gebruik dit als een richtlijn om de kleuren die je draagt samen te stellen en als inspiratie voor hoe je ze kunt combineren en contrasteren.

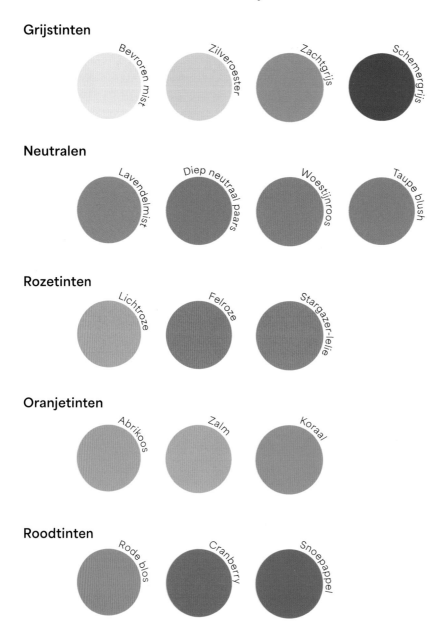

Grijstinten

Bevroren mist · Zilveroester · Zachtgrijs · Schemergrijs

Neutralen

Lavendelmist · Diep neutraal paars · Woestijnroos · Taupe blush

Rozetinten

Lichtroze · Felroze · Stargazer-lelie

Oranjetinten

Abrikoos · Zalm · Koraal

Roodtinten

Rode blos · Cranberry · Snoepappel

Paarstinten

Lichtblauw

Groenblauw

Groentinten

Geeltinten

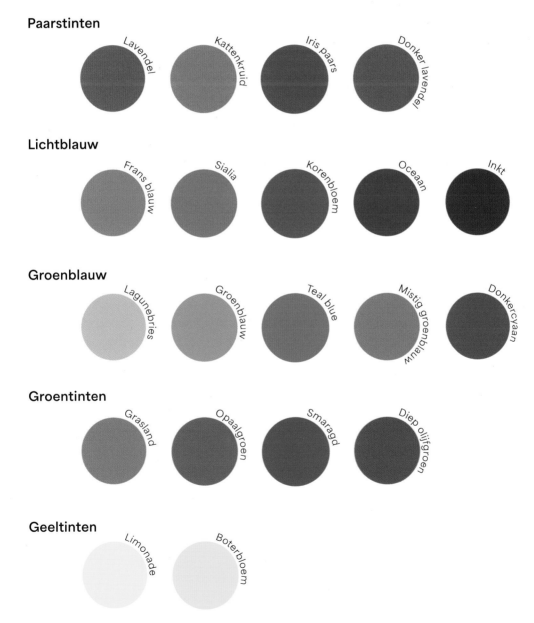

Warm/ neutraal palet

Nu je weet dat je warm/neutraal van tint bent, volgt hier een overzicht van de kleuren die het beste bij je passen. Gebruik dit als een richtlijn om de kleuren die je draagt samen te stellen en als inspiratie voor hoe je ze kunt combineren en contrasteren.

Grijstinten

Beigegrijs · Onweer

Neutralen

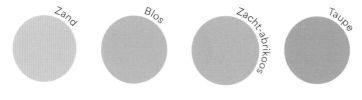

Zand · Blos · Zacht-abrikoos · Taupe

Rozetinten

Rosé · Flamingo · Zacht-nectarine

Oranjetinten

Perzik · Perzik brûlée · Specerijen · Vuurpijl

Roodtinten

Vuursteen · Pruimrood · Donker-pruim

Paarstinten

Amethist

Paarse regen

Aubergine

Lichtblauw

Nordic sky

Royal navy

Diep kobalt

Donker groenblauw

Groenblauw

Aquamarijn

Waterparel

Eierschaal

Appelblauwzeegroen

Kaki

Kaki

Groentinten

Mintgroen

Dennengroen

Fluweelgroen

Woudgroen

Geeltinten

Ananas

Amber

Narcis

Warm palet

Nu je weet dat je warm van tint bent, volgt hier een overzicht van de kleuren die het beste bij je passen. Gebruik dit als een richtlijn om de kleuren die je draagt samen te stellen en als inspiratie voor hoe je ze kunt combineren en contrasteren.

Grijstinten

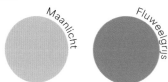

Maanlicht · Fluweelgrijs

Neutralen

Beige · Ballerina · Babyroze · Paddenstoel · Roze blos

Rozetinten

Roze punch · Robijnroze · Vurige roos

Oranjetinten

Canyon · Donkeroranje · Papaja · Pompoenspecerijen · Dieporanje

Roodtinten

Kersenrood · Perzisch rood · Pruim

Paarstinten

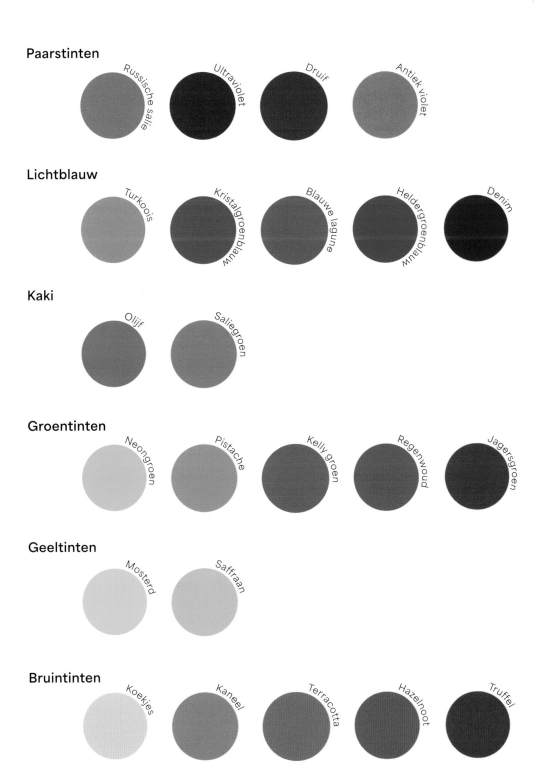

Russische salie · Ultraviolet · Druif · Antiek violet

Lichtblauw

Turkoois · Kristalgroenblauw · Blauwe lagune · Heldergroenblauw · Denim

Kaki

Olijf · Saliegroen

Groentinten

Neongroen · Pistache · Kelly groen · Regenwoud · Jagersgroen

Geeltinten

Mosterd · Saffraan

Bruintinten

Koekjes · Kaneel · Terracotta · Hazelnoot · Truffel

Het make-up-palet voor een frisse uitstraling

De onderstaande richtlijnen helpen je bij het selecteren van de beste make-uptinten voor je lippen, ogen en wangen, om een palet samen te stellen waarmee je elke dag opnieuw een frisse uitstraling creëert. Ik heb voor elke categorie drie tintniveaus opgenomen: licht, medium en diep. Je vindt hier de namen van de Trinny London-tinten, maar zoek gerust naar een vergelijkbare kleur van een ander merk.

Koel

Licht

Lippen
Maddie

Ogen
Mystery

Wangen
Pia

Medium

Lippen
Bunny

Ogen
Wisdom

Wangen
Milly

Diep

Lippen
Honor

Ogen
Joy

Wangen
Munchkin

Koel/neutraal

Licht

Lippen
Indi

Ogen
Justice

Wangen
Lady J

Medium

Lippen
Bella

Ogen
Magician

Wangen
Phoebe

Diep

Lippen
Freya

Ogen
Dawn

Wangen
Phoebe

Neutraal

Licht

Lippen
Dido

Ogen
Harmony

Wangen
Wiggs

Medium

Lippen
Cordy

Ogen
Dawn

Wangen
Reem

Diep

Lippen
Bella

Ogen
Fortune

Wangen
Chloe

Warm/neutraal

Licht

Lippen
Bella

Ogen
Virtue

Wangen
Veebee

Medium

Lippen
Emily

Ogen
Harmony

Wangen
Freddie

Diep

Lippen
Lara

Ogen
Truth

Wangen
Freddie

Warm

Licht

Lippen
Maiko

Ogen
Hope

Wangen
Sherin

Medium

Lippen
Lyla

Ogen
Fortune

Wangen
Rossy

Diep

Lippen
Weasie

Ogen
Empress

Wangen
Yassi

Het lipmake-up-palet waarmee je een statement maakt

De onderstaande richtlijnen helpen je bij het selecteren van de beste make-uptinten voor je lippen, ogen en wangen, om een palet samen te stellen waarmee je een lipmake-up uitzoekt voor een zelfverzekerd statement. Ik heb voor elke categorie drie tintniveaus opgenomen: licht, medium en diep. Je vindt hier de namen van de Trinny London-tinten, maar zoek gerust naar een vergelijkbare kleur van een ander merk.

Koel

Licht

Lippen
Demon

Ogen
Justice

Wangen
Katrin

Medium

Lippen
Pippa

Ogen
Wisdom

Wangen
Schmoogie

Diep

Lippen
Dalia

Ogen
Emperor

Wangen
Munchkin

Koel/neutraal

Licht

Lippen
Valentina

Ogen
Virtue

Wangen
Electra

Medium

Lippen
Pookie

Ogen
Magician

Wangen
Katrin

Diep

Lippen
Demon

Ogen
Desire

Wangen
Yassi

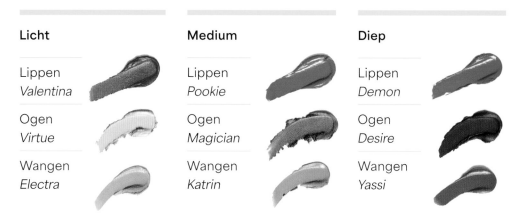

Neutraal

Licht

Lippen
Pippa

Ogen
Dawn

Wangen
Lady J

Medium

Lippen
Demon

Ogen
Desire

Wangen
Reem

Diep

Lippen
Pookie

Ogen
Empress

Wangen
Phoebe

Warm/neutraal

Licht

Lippen
Swainy

Ogen
Fortune

Wangen
Wiggs

Medium

Lippen
Valentina

Ogen
Trust

Wangen
Phoebe

Diep

Lippen
Valentina

Ogen
Emperor

Wangen
Yassi

Warm

Licht

Lippen
Sacha

Ogen
Hope

Wangen
Sherin

Medium

Lippen
Katinka

Ogen
Harmony

Wangen
Freddie

Diep

Lippen
Swainy

Ogen
Fortune

Wangen
Chloe

De smokey eyes make-up

De onderstaande richtlijnen helpen je bij het selecteren van de beste make-uptinten voor je lippen, ogen en wangen, om een palet samen te stellen voor een zwoel, smokey eyes-effect. Ik heb voor elke categorie drie tintniveaus opgenomen: licht, medium en diep. Je vindt hier de namen van de Trinny London-tinten, maar zoek gerust naar een vergelijkbare kleur van een ander merk.

Koel

Licht

Lippen
Dido

Ogen
Lovers

Wangen
Electra

Medium

Lippen
Bunny

Ogen
Faith

Wangen
Schmoogie

Diep

Lippen
Emily

Ogen
Strength

Wangen
Freddie

Koel/neutraal

Licht

Lippen
Sooze

Ogen
Magician

Wangen
Lady J

Medium

Lippen
Bella

Ogen
Trust

Wangen
Phoebe

Diep

Lippen
Weasie

Ogen
Desire

Wangen
Yassi

Neutraal

Licht

Lippen
Eugenie

Ogen
Faith

Wangen
Schmoogie

Medium

Lippen
Emily

Ogen
Desire

Wangen
Freddie

Diep

Lippen
Thea

Ogen
Passion

Wangen
Munchkin

Warm/neutraal

Licht

Lippen
Bella

Ogen
Trust

Wangen
Veebee

Medium

Lippen
Katie

Ogen
Chariot

Wangen
Chloe

Diep

Lippen
Bella

Ogen
Universe

Wangen
Freddie

Warm

Licht

Lippen
Tashi

Ogen
Empress

Wangen
Wiggs

Medium

Lippen
Weasie

Ogen
Empress

Wangen
Freddie

Diep

Lippen
Aifric

Ogen
Queen

Wangen
Chloe

DURF MET STIJL

LEVEN

VOEL JE GEÏNSPIREERD

In dit hoofdstuk wil ik dat je energie krijgt en nieuwe dingen leert.

Ik vind het leuk om mensen te ontmoeten en over hun levens te horen. Ik voel me vereerd als een vrouw me dusdanig vertrouwt dat ze me meeneemt in haar proces en dingen over zichzelf onthult. Het geeft me richting en een doel, en daar haal ik mijn energie uit.

In dit hoofdstuk heb ik het over zaken die mij hebben geholpen vooruit te komen in mijn leven. Ze zijn hier bedoeld als inspiratie en om je te triggeren na te denken over waar je nu bent in je leven. Niks moet, alles mag. Dus als een van mijn suggesties niet werkt, prima, probeer dan iets anders.

Hier en in de rest van het boek heb ik momenten aangegeven waarop jij jezelf een aantal vragen moet stellen (de een wat makkelijker dan de ander) om jezelf op verschillende manieren uit te dagen. Ik besef natuurlijk dat er een groot verschil is tussen lezen en doen, en het is de uitdaging om actie te ondernemen die je aanzet om verder te gaan. Het geeft je de kans om positieve veranderingen in je leven aan te brengen en het vertrouwen om je eigen beslissingen te nemen.

ENERGIE IS DE BASIS

VAN ALLES WAT WE DOEN

Snel opladen

Energie is de sleutel tot het overwinnen van onze angst.

Angst slurpt energie. Het stagneert, geeft je het gevoel dat je bent vastgelopen. Het verlamt ons en neemt ons vertrouwen weg.

Misschien heb jij een ander woord voor energie? Je zou het 'levenskracht' kunnen noemen of 'vitaliteit'. Ik denk dat we allemaal dat gevoel herkennen van een zonnige dag waarop we ons energiek voelen en klaar zijn om onszelf uit te dagen. Veel van waar ik het op de volgende pagina's over wil hebben, heeft met dit gevoel te maken; hoe je dit gevoel kunt vasthouden en zo vaak mogelijk mag ervaren.

Wanneer ik een Facebook of Instagram Live doe en veel vrouwen op mijn kanaal afstemmen en opmerkingen en vragen posten, stuur ik mijn energie de wereld in en krijg ik weer energie terug die mij voedt, net als bij het opladen van een batterij.

Het dragen van heldere kleuren is een andere manier waarop ik energie projecteer. Het is eenvoudig, maar verrassend effectief omdat ik merk hoe mensen op de kleur reageren; heel anders dan wanneer ik helemaal in het zwart gekleed zou zijn. En ook dat geeft mij weer energie.

Angst slurpt energie

Zelfwaardering en -vertrouwen

Zelfwaardering is geloven dat je goed genoeg bent en goede dingen verdient. Het gaat erom dat je jezelf niet achter in de rij zet. Zelfvertrouwen krijg je wanneer je een uitdaging bent aangegaan en deze hebt overwonnen, groot of klein. Het betekent vertrouwen hebben in je capaciteiten.

Misschien vind je het niet fijn om de dingen te vieren - zelfs maar te erkennen - waar je goed in bent omdat je bang bent arrogant over te komen. Maar daar wordt niemand beter van. Als je zelfvertrouwen hebt, (h)erken je wat je kunt en wat je weet en het geeft je de energie om te proberen te leren wat je (nog) niet kunt of weet. Zowel **zelfwaardering** als **zelfvertrouwen** zou je actief moeten koesteren, want ze helpen je om je angsten aan te pakken.

Zelfacceptatie is de laatste tijd een beetje een modewoord geworden. Het probleem is dat het een impliciete keerzijde heeft, namelijk dat je de dingen accepteert zoals ze zijn en dat je er geen invloed op hebt. Wat wij willen, is duidelijkheid en een doel. We willen onszelf zien en van onszelf houden zoals we zijn en we willen de beste versie van onszelf zijn. Als je bijvoorbeeld vindt dat je chaotisch bent of overdreven kritisch, of als je niet goed genoeg voor je gezondheid zorgt, dan hoef je dat niet te accepteren als dat je ongelukkig maakt.

Zelfwaardering en zelfvertrouwen zou je actief moeten koesteren

Het *imposter syndrome* beperkt ons

Dit is misschien de plek om iets te vertellen over het *imposter syndrome*. Ik voel wel wat weerstand tegen het woord, want het klinkt wel erg serieus, bijna als een ziekte. 'Dat kan ik niet, ik lijd aan het *imposter syndrome*.'

Etiketten belasten ons. Als je het gevoel hebt dat je ergens niet hoort te zijn, wat heb je dan nodig om dat gevoel weg te nemen? Als het meer kennis is, misschien kun je dan iemand vragen om je daarmee te helpen? Is het meer ervaring? Oké, die vind je blijkbaar juist op de plek waar je bent! Vrouwen voelen zich soms al een bedrieger als ze minder dan 90% begrijpen van wat er gebeurt. Maar dat is zelden het geval. En trouwens, meestal ben je ergens omdat iemand je heeft uitgenodigd of aangemoedigd om erbij te zijn. Vertrouw je hun mening? Blijkbaar waarderen zij je bijdrage.

Het *imposter syndrome* is een kenmerk van deze tijd, een tijd waarin we naar de buitenkant van anderen kijken, naar het zelfverzekerde gezicht dat ze aan de wereld presenteren, en dat vergelijken met onze eigen angstige binnenkant. Andere mensen voelen zich ook onzeker, alleen zie je dat niet altijd. Zie het als een kans om je gezond verstand te gebruiken en dat negatieve stemmetje in je hoofd van repliek te dienen en te accepteren dat het is wat het is. Het is misschien een deel van ons dat af en toe van zich moet laten horen. Ik vertelde dat stemmetje altijd dat het nu even z'n kop moest houden, maar ik realiseerde me onlangs dat dat stemmetje misschien een versie van onze jongere ik is, die aardigere woorden en geruststelling nodig had van onze oudere ik, om op een positievere manier verder te gaan.

Je moet je bijdrage leren waarderen

Je bent niet je gedachten

Ik weet dat het moeilijk is wanneer je niet happy bent, maar het is belangrijk dat je een manier vindt om je gedachten te scheiden van jezelf, om ze te herkennen als slechts gedachten en niet inherent aan wie je bent.

Op mijn 24ste ging ik naar de afkickkliniek. Na vijf maanden in de kliniek woonde ik zeven maanden in een soort van begeleid-wonenhuis in Weston-Super-Mare. Toen ik uiteindelijk weer terugkeerde naar Londen, was alles zo overweldigend. Ik voelde me rauw en kwetsbaar. Terwijl ik door mijn straat liep, kreeg ik een paniekaanval.

In de ontwenningskliniek heb ik sombere gedachten leren herkennen als iets wat buiten mijzelf stond. Ik stelde me ze voor als een zwarte raaf die in mijn oor krijste. Ik hoefde dat echter niet te verdragen. Na enige oefening was ik in staat om me tot deze vermoeiende, irritante vogel te wenden en te zeggen dat hij zijn snavel moest houden. Ik leerde tegen mezelf te zeggen: 'Dit ben ik niet, dit is slechts één gedachte in mijn hoofd dat veel gedachten heeft, waar veel gebeurt. Morgen word ik misschien wakker met een heel ander gevoel omdat gedachten veranderen. Ik kan mijn gedachten veranderen.' De ene dag lukte dat beter dan de andere, maar na een tijdje werd de zwarte raaf stiller en stiller.

Wat je verder moet onthouden, is dat angst en negatieve gedachten het best gedijen in het donker. Bij daglicht zijn ze vaak minder overweldigend. Je kunt ze zien voor wat ze zijn en proberen een manier te vinden om ze te verwerken. Wanneer we ons neerslachtig of ongelukkig voelen, is het verleidelijk om ons af te sluiten voor anderen. Misschien denk je dat toch niemand je begrijpt, dat je niet kunt uitleggen hoe je je voelt, of misschien vind je dat je op dat moment geen fijn gezelschap bent. Maar juist op die momenten is het belangrijk om met iemand te praten. De mensen om je heen kunnen je helpen als je dit toelaat.

Het is belangrijk dat je je bewust bent van negatieve denkpatronen. Het is het overwegen waard om een vorm van therapie, app of hulplijn te zoeken als die gedachten je uitputten of als je neerslachtig bent. Ik heb heel wat therapie gehad in mijn leven en er zijn veel soorten die je kunt proberen. Neem contact op. Traditionele therapie kan duur zijn en daarom heb ik achter in het boek meer informatie opgenomen over alternatieve opties (zie blz. 348).

VRAAG JEZELF AF:

1 Vind je dat je weinig zelfvertrouwen hebt?

2 Koester jij je eigenwaarde wanneer je je neerslachtig voelt?

3 Stel je de behoeften van andere mensen altijd vóór die van jezelf?

4 Zeg je wel eens nee?

5 Heb je moeite om je aanwezig te voelen in de kamer?

6 Heb je het gevoel dat jouw bijdragen welkom zijn?

7 Worstel je met zelfvertrouwen?

8 Heb je een strategie om met negatieve gedachten om te gaan?

DAAG JEZELF UIT

Eenzaamheid en vermoeidheid

Isolatie en vermoeidheid hebben een grote invloed op je eigenwaarde. Soms vergeten we wie onze vrienden zijn en denken we dat we geen beroep op hen kunnen doen. Maar sluit je niet op en onthoud dat jij er ook voor hen zou zijn als de rollen omgekeerd waren. Overweeg ook om nee te zeggen tegen de mensen die energie slurpen en neem bewust tijd voor jezelf.

Geloof in jezelf

Geloof in jezelf heeft veel te maken met het geloof van anderen in ons. We kunnen onszelf uitdagen door anderen te laten zien dat we in onszelf geloven; zelfs al is het een *fake it till you make it*-mentaliteit. Hoe meer wij in onszelf geloven, hoe meer anderen dat ook zullen doen. Toen Susannah en ik een column in de *Telegraph* hadden, vonden we dat we een loonsverhoging verdienden, maar we vonden het lastig om erom te vragen. Ik herlas brieven van onze lezers die ons vertelden hoeveel onze columns voor hen betekenden. Daardoor realiseerde ik me dat ik niet alleen van mijn werk hield, maar mijn werk ook waardevol was voor anderen. Die positieve gedachte nam ik mee naar het kantoor van de redactie en wij kregen waar we om vroegen! Heb vertrouwen in je eigen ervaring en zoek een mentor die je kan helpen eventuele hiaten op te vullen.

Onthoud wie je echt bent

Doe deze oefening wanneer je je goed voelt, zodat je het kunt nalezen op de momenten waarop je minder lekker in je vel zit. Denk aan de positieve dingen die mensen over je zouden zeggen en schrijf ze zonder enige bescheidenheid op. Gebruik dit als een geheugensteuntje op de momenten waarop jij je neerslachtig voelt.

Een dankbaarheidslijstje

Ik doe dit al jaren en het kan heel simpel zijn. Schrijf op waarvoor je dankbaar bent - een dak boven je hoofd, een baan waar je van houdt...

Intuïtie en instinct zijn niet hetzelfde

De woorden instinct en intuïtie worden vaak door elkaar gebruikt maar voor mij zijn het twee heel verschillende dingen. Mijn instinct is niet altijd correct, maar mijn intuïtie is feilloos.

Instinct kan voortkomen uit angst. Het is verbonden met de impuls vechten/vluchten/bevriezen die in ons dierlijke brein is ingebed. Je instinct is gemaakt om de dingen te vermijden die je pijn kunnen doen.

Intuïtie gaat echter veel verder. Het komt voort uit al je ervaringen, je aangeboren gevoel van wat goed voor je is. Het is niet altijd een directe reactie. Soms kun je je intuïtie alleen volgen wanneer er een vraag in je brein is doorgesijpeld, wanneer je naast een emotionele reactie rede en logica toelaat.

Over het algemeen denk ik dat instinct je ertoe aanzet je positie te verdedigen, terwijl luisteren naar je intuïtie je aanmoedigt om dapper te zijn. Je instinct zegt: 'Pas op, dit is riskant.' Je intuïtie zegt: 'Je kunt het. Het is het proberen waard.'

Het is zo belangrijk om de baas te zijn over je eigen beslissingen. Het moeilijkste is vaak om een beslissing te nemen en daar dan ook daadwerkelijk naar te handelen. Het is heel bevrijdend als je het hebt gedaan. Het kost veel energie om je voortdurend te beraden. Het is vermoeiend. Maar als je eenmaal weet wat je wilt, verandert je mindset. Het vergroot je eigenwaarde als je moeilijke beslissingen durft te nemen. Je kunt nooit zeker zijn van de uitkomst, maar je kunt wel het vertrouwen in je eigen vermogen om te kiezen cultiveren.

Intuïtie moedigt je aan om dapper te zijn

VRAAG JEZELF AF:

1 Herken je het verschil tussen instinct en intuïtie?

2 Als je onlangs of in het verleden een slechte beslissing hebt genomen, wat heeft je toen gedreven?

3 Worden je beslissingen gedreven door de angst die je voor de mogelijke uitkomsten voelt?

4 Is er iets in je leven wat je weerhoudt om je doel te bereiken?

DAAG JEZELF UIT

Schrijf het op

In tijden van onzekerheid kan het handig zijn om je gevoelens over een situatie op te schrijven. Wat komt voort uit een instinct om jezelf te beschermen, om te blijven waar jij je veilig voelt? En wat zegt je intuïtie je dat je wilt? Welke kansen liggen er in het verschiet? Je kunt deze gevoelens in twee lijsten onderverdelen: instinct en intuïtie. Wat ervaar jij als krachtiger, het meest overtuigend?

Sta je op drijfzand of vaste grond?

Er zijn momenten waarop angst de drijfveer is om te veranderen. Dat is wanneer we een punt bereiken waarop we te bang zijn om op dezelfde manier verder te gaan. De angst voor niet veranderen weegt zwaarder dan de angst om wél te veranderen.

Het is deze angst die me naar een ontwenningskliniek heeft gedreven. Ik was bang om zonder de sociale isolatie van drugs te leven omdat ik verlegen was en mezelf niet kende – al begreep ik dat toen nog niet zo. Maar ik werd bang van hoe weinig het me allemaal nog kon schelen, hoe emotieloos ik was geworden. Vroeger had ik passie, joie de vivre en drive, maar ik besefte dat ik dat allemaal kwijt was. Ik was banger geworden van niet stoppen met drugs dan voor de implicaties van wél stoppen.

Toen ik eenmaal clean was, verhuisde ik op 27-jarige leeftijd weer naar huis. Tijdens mijn afwezigheid was het leven van mijn vrienden natuurlijk gewoon doorgegaan. Ik voelde dat ze veel verder waren dan ik; ze hadden een goede baan, verdienden geld, terwijl ik helemaal opnieuw moest beginnen, zonder drugs. Ik kon me nergens achter verschuilen. Ik had het gevoel dat ik op drijfzand leefde.

Een van de mantra's van de Anonieme Alcoholisten (AA) is 'dag voor dag'. Je pakt alleen aan wat zich nu voordoet, in plaats van in paniek raken over een groter geheel waarover je geen gevoel van controle denkt te hebben. Je geeft jezelf een horizon die recht voor je ligt en je houdt de leercurve klein. En naarmate je mijlpalen en eenvoudige doelen bereikt, kun je je horizon verbreden.

Angst kan je aanzetten tot de grootste veranderingen in je leven, zelfs als deze moeilijk en pijnlijk zijn. Angst kan brandstof zijn. Het is bijna alsof we door angst heen kunnen branden om verder te gaan en vrij te zijn. Het was de angst die me clean hield toen ik uit de ontwenningskliniek kwam. Drie van mijn beste vrienden besloten ook om af te kicken toen ik dat deed, maar ik was de enige die het gered heeft. Hartverscheurend, binnen twee jaar waren ze allemaal overleden.

Nadat ik het 'dag voor dag' had benaderd, begon mijn horizon zich te verbreden. Het waren kleine dingen die me hebben geholpen mijn zelfvertrouwen te vergroten, en de toekomst werd weer iets om naar uit te kijken in plaats van iets om bang voor te zijn. Ik heb niet langer het gevoel dat ik op drijfzand loop. Als ik nu word geconfronteerd met een angst voor de toekomst, beschik ik over meer tools om me erdoorheen te slaan tot ik weer vaste grond onder mijn voeten voel.

VRAAG JEZELF AF:

1 Gebruik je iets wat je sociaal isoleert? Of gebruik je alcohol of drugs als sociale steunpilaar?

2 Twijfel je altijd aan je beslissingen?

3 Heb je het gevoel dat je bent vastgelopen?

4 Voel je een mix van super emotioneel en vrij afstandelijk?

DAAG JEZELF UIT

Test verslavingen

Als je vraag 1 met ja hebt beantwoord, daag jezelf dan uit om een week of langer niet te gebruiken. Voel hoe het met je gaat en zoek zo nodig professionele hulp.

Houd een dagboek bij

Overweeg dit elke ochtend te doen en schrijf op wat je vandaag wilt doen. Denk niet aan morgen en noteer alleen dingen die haalbaar zijn (dus niet zoiets als de Everest beklimmen!). Het voedt je eigenwaarde als je je plannen voor die dag verwezenlijkt.

Registreer je gevoelens

Probeer een dag door te komen zonder jaloezie of medelijden te voelen. Deze gevoelens maken je onrustig. Als je dit soort gevoelens opmerkt, probeer dan op te schrijven waarom je ze voelt, zodat je ze beter leert begrijpen en relativeren.

De kunst van het loslaten

Als mens hunkeren we naar controle. We willen er zeker van zijn dat we, als we onze energie ergens in stoppen, ook het gewenste resultaat behalen. We willen zeker zijn van resultaten en daardoor houden we ons graag stevig vast aan dingen. We doen er alles aan om te vermijden dat ze uit onze handen glippen. Maar soms moeten we dingen loslaten.

Er zijn verschillende soorten loslaten.

Er zijn momenten waarop je alles hebt gegeven en je het schip moet laten varen in afwachting van wat er terugkomt.

Dan zijn er situaties waarin we een stukje controle moeten loslaten om anderen de kans te geven zich te ontwikkelen. Misschien heb je een leidinggevende functie op je werk en moet je een stap terug zetten zodat anderen in je team de kans krijgen om beslissingen te nemen. Of je hebt een tiener die meer vrijheid wil en je erop moet vertrouwen dat je hem goed genoeg hebt opgevoed om zijn eigen keuzes te kunnen maken, zonder jouw toezicht.

En dan is er het loslaten van die kleine dingen die weinig invloed hebben op waar je naartoe wilt, maar die je aandacht blijven trekken en je tegenhouden. Deze vorm van loslaten gaat over uitzoomen om het grote geheel te zien zodat je herkent wat negatieve energie slurpt, energie die je beter aan iets anders kunt besteden.

De moeilijkste vorm van loslaten is wanneer je ergens naar hebt gestreefd, iets wat je ongelooflijk belangrijk vond, maar dat om de een of andere reden niet heeft uitgepakt zoals je had verwacht. Een relatie, een doel, een mijlpaal, een droom.

Ik heb dit een paar keer in mijn leven moeten doen en het doet altijd zeer. Eind jaren negentig zette ik een internetbedrijf op dat niet liep zoals gedacht. Het beëindigen van dat bedrijf, iets waar zoveel mensen werk in gestopt hadden - deed me echt twijfelen aan mijn eigen kunnen.

Maar misschien wel het moeilijkste was toen ik mijn droomhuis moest opgeven. Na mijn scheiding was ik vastbesloten om een huis te kopen aan een bepaalde straat waar ik altijd langsliep wanneer ik Lyla naar school bracht. Dus ik leende geld, ik kreeg een grote hypotheek en heb me echt in alle bochten gewrongen om dat huis te kopen en op te knappen. Ik heb het helemaal gerenoveerd en ik was zo trots op het resultaat. Het was iets tastbaars en helemaal van mij, voor de eerste keer ooit. Het voelde als een groot moment. Maar ik had het niet goed doordacht.

Amper een jaar nadat ik er was ingetrokken, besefte ik dat ik geen buffer had. Ik bezuinigde en probeerde mijn financiën op orde te brengen, maar het mocht niet baten. Toen overleed mijn ex-man, wat verdere financiële gevolgen met zich meebracht. Daarnaast wilde ik mijn nieuwe bedrijf, Trinny London, opzetten. Ik zag op een gegeven moment in dat ik – als ik iets met echte potentie wilde opbouwen – moest opgeven wat ik het liefst had gewild: dat huis. Ik moest het loslaten. Het was belangrijker om schuldenvrij te zijn en te huren, dan een huis te bezitten met een grote financiële last. Ik zou me zoveel zorgen maken over geld, dat ik me niet zou kunnen concentreren op mijn bedrijf, iets wat mijn grotere toekomst was.

Het kan heel beangstigend voelen om iets heel belangrijks in je leven te laten gaan, misschien zelfs iets wat aanvoelt als een deel van wie je bent. Het inherente aan loslaten is echter dat het ook ruimte vrijmaakt voor andere dingen. Een paar maanden nadat ik onze start-up had beëindigd, werden Susannah en ik door de BBC gevraagd om *What Not to Wear* te doen. De verkoop en verhuizing stelde mij dus in staat om Trinny London op te richten – iets waar ik ongelooflijk trots op ben en dat me zoveel vreugde en voldoening brengt.

Het is gemakkelijker om los te laten als je ziet welke mogelijkheden dit op een ander gebied biedt. Dan kun je loslaten als iets positiefs zien in plaats van iets wat wegvalt, een verlies. Het blijft natuurlijk moeilijk, vooral als je emotioneel betrokken bent of bang bent voor een gebrek aan controle. Dan is het belangrijk dat je naar de feiten leert kijken, dat je objectief kijkt naar wat je nodig hebt, wat je waardeert en wat iets toevoegt aan het leven of je juist op één plek vasthoudt. Soms moet je de sprong gewoon wagen en erop vertrouwen dat je goed terechtkomt. Er is altijd wel een vangnet, ook al zie je dat niet direct.

Treed het onbekende tegemoet

We willen zeker zijn van de resultaten, omdat we een natuurlijke angst hebben voor het onbekende. Leven met onzekerheid is ongelooflijk moeilijk. Het voelt ongemakkelijk en het kan ons laatste restje veerkracht en zelfvertrouwen doen verdwijnen.

Dit heb ik tot op het bot ervaren in de periode dat ik ivf onderging. Als je ivf hebt ondergaan, ken je waarschijnlijk dat gevoel dat je in het proces moet blijven geloven én moet omgaan met de onzekerheid of het wel gaat lopen zoals jij dat wilt. Elke cyclus komt met een intense hoop, maar ook met de kans op een intense teleurstelling.

Ik had een ingewikkelde relatie met mijn moeder en ik vroeg me voortdurend af of ik wel een goede moeder zou zijn. Vóór mijn 35e had ik helemaal geen vurige wens om moeder te worden, maar toen ik toch zwanger wilde worden, werd ik het niet en kozen we voor het ivf-traject. Telkens opnieuw lukte het niet, en ik heb meer dan drie jaar drie pogingen per jaar gedaan.

Ik heb momenten gehad dat ik dacht dat ik nooit een kind zou krijgen, maar heb het toch nooit helemaal opgeven. Mijn intuïtie vertelde me dat ik hoe dan ook ooit moeder zou worden; misschien als een goede stiefmoeder voor mijn stiefzoon of op een andere manier. Ik voelde dat ik moeder wilde zijn en dat op de een of andere manier ooit zou worden.

Maar het werkte nog steeds niet. Ivf zet je relatie en alle andere gebieden van je leven onder druk. Ik werd twee keer zwanger, maar verloor beide baby's. Ik begon de gedachte dat ik ooit zelf een kind zou krijgen los te laten en dacht dat ik misschien niet op de goede manier bezig was. Maar toen werd ik zwanger van Lyla. De vreugde ging natuurlijk vergezeld van de voortdurende onderliggende angst dat ik de baby zou verliezen. Ik had om de twee weken een scan en ik moest leren leven met een ander soort onzekerheid in een situatie waarover ik geen controle had.

Die hele reis leerde me iets belangrijks over angst. Soms lukte het me heel goed en soms niet. Er was absoluut een element dat ik mijn horizon weer smaller moest maken, dat ik voornamelijk moest omgaan met het nu. Alleen zo bleef ik die paniekaanvallen van 'Wat als...?' de baas. Om voortdurend te leven in die afgrond van onzekerheid moest ik manieren vinden om los te laten en een deel van de angst te laten varen. Ik onderging opnieuw ivf nadat ik Lyla had gekregen, maar ik gaf het na nog vijf rondes op. Ik had mijn kleine meid en ik liet de wens van een tweede kindje los.

We willen allemaal het happy end waar we van dromen, maar dat kan niet. Een manier vinden om te leven met de grote onzekerheden van het leven maakt ons veerkrachtig. Door deze onzekerheden per dag aan te pakken, vinden we manieren om onze angst te beheersen en verder te gaan.

Misschien sta je op dit moment voor een soortgelijke uitdaging. En ik heb geleerd dat hoe meer je je ergens aan vastklampt, des te minder je openstaat voor een andere uitkomst. Die andere uitkomst maakt je misschien wel net zo gelukkig, je kunt je dit alleen niet voorstellen.

Het punt is dat we niet weten wat er achter die gesloten deur zit; misschien is het wel iets veel mooiers.

Je weet nooit wat er achter die gesloten deur zit; misschien is het wel iets veel mooiers

Goede voornemens

Ik wil altijd het gevoel hebben dat ik in een bewegende stroom leef. Soms zwem ik tegen de stroom in en soms voert de stroom me mee in de richting die ik in wil gaan. Dat gevoel van beweging, ergens heen gaan, geeft me energie.

Hoe dan ook, ik heb altijd een vuurtoren nodig om me te leiden. Ik heb de lichtbundels nodig om mezelf te motiveren, anders ben ik aan het zwemmen zonder doel.

Heb jij goede voornemens voor het nieuwe jaar? Ik bedenk goede voornemens in januari, maar persoonlijk vind ik september een beter moment om even stil te staan en het grotere geheel te bekijken. Misschien herinner jij je dat 'weer naar school'-gevoel van september, het moment waarop de zomervakantie is afgelopen en het schooljaar weer begint. Ook toen Susannah en ik onze tv-shows hadden, was het altijd in september dat we te horen kregen of we weer een nieuwe serie mochten maken. De goede voornemens in januari richten zich meestal op motiverende persoonlijke verbeteringen, terwijl je je in september eerder afvraagt: wat wil ik nu doen?, wat een veel gezondere en productievere vraag is voor die tijd van het jaar.

Het maakt niet uit welke tijd van het jaar voor jou het meest geschikt is voor je interne ritme, zolang je maar tijd vindt om even stil te staan en na te denken over de volgende fase van je reis en je af te vragen of alle elementen van je leven nog steeds werken voor de persoon die je nu bent.

Het is niet alleen een jaarlijks moment. Neem je regelmatig de tijd om over je leven na te denken, om goede voornemens te bepalen en na te denken over wat je wilt in het leven? En ik heb het hier niet alleen over grote mijlpalen, zoals een promotie of een verhuizing. Breng je genoeg tijd door met je vrienden? Zorg je goed genoeg voor jezelf: eet je goed, slaap je voldoende en heb je voldoende lichaamsbeweging? Als je echt iets nieuws wilt beginnen maar dit blijft uitstellen, waarom is dat?

Ik word neergeslagen, maar sta weer op

Doorzettingsvermogen betekent de ene voet voor de andere zetten. Het is stug opstaan wanneer je wordt neergeslagen, in plaats van op de grond blijven liggen tot iemand je opraapt.

Vasthoudendheid is proactiever, creatiever. Het gaat om het onder ogen zien van tegenspoed en onzekerheid en op zoek gaan naar kansen, openingen waar je doorheen kunt glippen of mogelijke voordelen. Hiervoor heb je energie nodig. Doorzettingsvermogen gaat simpelweg over niet stoppen.

We hebben allemaal wel van die momenten in het leven dat we alleen maar kunnen doorgaan, zo goed mogelijk. Er zijn echter ook momenten waarop we van het langzame geploeter van onze voeten tegen de harde tegenwind omhoog moeten kijken en de verre horizon moeten afzoeken naar mogelijkheden.

Vertrouwen, zelfvertrouwen, eigenwaarde en vasthoudendheid zijn als een ecosysteem, ze houden elkaar in leven. Wanneer we het ene oefenen of voeden, groeit het andere.

Natuurlijk zijn er momenten waarop ik weinig energie heb, en dan neem ik een dagje dekbedtherapie. Daar is niks mis mee. Het gaat erom dat je moet weten wanneer het tijd is om weer op te staan en kansen te pakken wanneer die zich voordoen.

Ik denk dat het nuttig is om zowel doorzettingsvermogen als vasthoudendheid te hebben, maar herken jij je meer in het ene dan het andere en kun je ervoor zorgen dat er balans is in je leven?

Het gaat erom dat je weet wanneer het tijd is om weer op te staan

De 99 procent

'99% van alles waar je je zorgen over maakt, gebeurt nooit, Trinny.'

Dit is iets wat mijn man Johnny tegen mij placht te zeggen. En ik zei altijd tegen Lyla: 'Denk aan wat papa altijd zei: 99% van alles waar je je zorgen over maakt, gebeurt nooit.'

En die 1 procent is ons natuurlijk wel overkomen. Johnny is er niet meer.

Maar ik blijf het zeggen, want het is waar. Ooit hoorde ik ergens de uitdrukking dat piekeren is als het betalen van rente op een schuld die je niet hebt. Het is een onnodige investering in energie aan dingen die het niet waard zijn omdat het onwaarschijnlijk is dat ze zullen gebeuren. En wanneer het toch gebeurt, dan had je dat waarschijnlijk toch niet kunnen voorkomen.

Ik werd geconfronteerd met de verschrikkelijke gevolgen van Johnny's dood en Lyla moest opgroeien zonder haar vader. Maar we zijn er nog, en zij doet het goed.

Veerkracht is een interessant woord. Een ouderwetse omschrijving daarvan is om hoe dan ook door te gaan, zonder te stoppen om te erkennen of te praten over wat je pijn heeft gedaan. Maar het is net zo nutteloos om je emoties te negeren als het is om te zwelgen in negativiteit, in alle zorgen en tegenslagen die je hebt.

Ik denk dat veerkracht gekoppeld is aan doorzettingsvermogen. Het gaat om het opbouwen van vertrouwen en zelfvertrouwen zodat je door kunt gaan met je gemotiveerde reis naar waar je ook heen wilt. Er zullen slechte dingen gebeuren, maar jij blijft sterk en je gaat door. Negenennegentig procent van de dingen waar je je zorgen over maakt, zal niet gebeuren. Maar angst vreet energie en blokkeert je. Voor mij is vrijheid het gevoel dat je ervaart wanneer je sterker bent dan angst, een van de meest geweldige gevoelens die er zijn.

De kwadranten- tool

Om goed te weten wat we in ons leven willen, is het nuttig om te begrijpen waar we nu staan. Moet je misschien iets laten gaan om ruimte te maken voor iets anders?

Misschien ken je deze techniek wel. De officiële naam is de 'tijdmanagementmatrix', maar ik noem het 'de kwadranten'. Het is een eenvoudige en veelzijdige tool die duidelijkheid kan brengen omdat het ons in staat stelt om na te denken over hoe we onze tijd besteden en wat we belangrijk vinden.

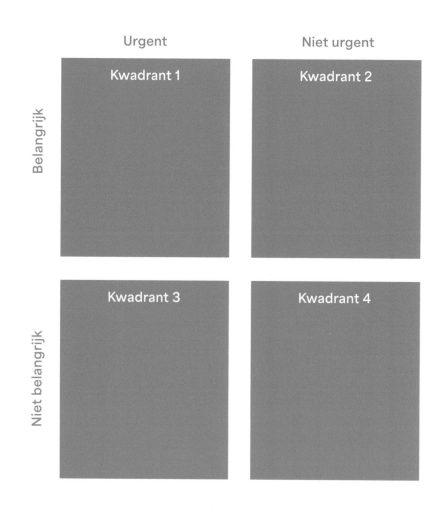

Hoe gebruik je de kwadrantentool?

Welke taken heb je op dit moment die urgent en belangrijk zijn? Dat zijn de dingen die je snel moet doen, anders zal het ongewenste gevolgen hebben. Dit kan van alles zijn, van het doen van een belastingaangifte tot tijd vrijmaken voor een dagelijkse wandeling, want dat is belangrijk voor je mentale gezondheid. Sommige van deze dingen zijn de onvermijdelijke regeldingen en andere zullen meer specifiek voor jou zijn. Zet deze in het kwadrant linksboven. Vele hiervan zijn in eerste instantie belangrijk, maar niet urgent, maar als je ze niet doet, hellen ze over naar het andere kwadrant.

Denk nu eens na over wat belangrijk voor je is, maar waarvoor je geen dringende deadline hebt. Denk aan op vakantie gaan, opruimen, een avondje met vrienden organiseren of iets op je werk waarop jij je meer wilt focussen. Noteer deze dingen in het rechterkwadrant.

In het kwadrant linksonder zet je de taken die je aandacht nodig hebben, maar waarvan de gevolgen minder dramatisch zijn als je ze niet doet. In deze categorie vallen bijvoorbeeld klusjes in huis of kleinere taken met een deadline.

In het kwadrant rechtsonder noteer je de dingen die niet belangrijk en niet urgent zijn. Hoeveel tijd per week besteed je aan de dingen in dit kwadrant? Hoe kun je je tijd op een constructievere manier verdelen? Dit vergroot je zelfwaardering en geeft je een gevoel van voldoening.

Bij het invullen van de kwadranten moet je ook rekening houden met:

- Toezeggingen aan familie
- Werk en loopbaan
- Relaties (romantische en met vrienden)
- Huis
- Vakanties
- Zelfontwikkeling/spiritueel
- Zelfzorg

VRAAG JEZELF AF:

1   Staat alles in het juiste kwadrant?

2   Hoe heb je bepaald wat belangrijk en minder belangrijk is?

3   Hoe kun je de dingen die niet urgent en niet belangrijk zijn, verminderen?

4.   Zijn er taken die al een tijdje in het kwadrant 'Urgent en belangrijk' staan?

5   Wat betekent het eigenlijk wanneer je zegt dat je ergens geen tijd voor hebt gehad?

DAAG JEZELF UIT

De betekenis van urgentie

Wat zou er gebeuren als je de dingen die je als urgent en belangrijk beschouwt, niet doet? Anders gezegd, wat moet er veranderen zodat je wél de tijd hebt om die dingen de nodige aandacht te geven? Als jij bijvoorbeeld geen tijd hebt om je vrienden te ontmoeten, ga je je eenzaam voelen. In dat geval wordt vrienden ontmoeten iets urgents.

Prioriteiten

Bepaal jij wat belangrijk is of reageer je op druk van anderen? Tenzij het om je baas gaat, hoeft de urgentie van iemand anders niet altijd jouw urgentie te zijn.

De kleine dingen

Kun je een aantal taken of klusjes verwijderen die niet urgent of belangrijk zijn? Probeer taken af te handelen of te delegeren die snel uitgevoerd kunnen worden.

Tijd

Als tijd de reden is waarom je iets wat urgent of belangrijk is niet hebt aangepakt, moet je hier beter naar kijken. Is het echt zo simpel, of stel je het om een andere reden uit? Is het wel zo dringend? Is het belangrijk voor jou of voelt het alleen maar zo door de druk van buitenaf? Is het iets wat je uit je leven zou kunnen verwijderen om energie vrij te maken die je beter aan iets anders kunt besteden?

Jij bepaalt wat belangrijk is

Als je meer duidelijkheid hebt over wat je moet doen en wat belangrijk voor je is, kun je ruimte creëren om je meer te focussen. Je krijgt meer inzicht in wat je prioriteiten werkelijk zijn; je kunt verdergaan met een grotere doelgerichtheid en aandacht besteden aan de dingen die jou ook voeden.

Stel doelen voor nu

Ik vind het leuk om mezelf elk jaar tien doelen te stellen waar ik in de loop van de komende twaalf maanden naartoe wil werken. Het zijn niet per se allemaal grote prestaties, maar het gaat erom dat ze belangrijk zijn voor mij.

Bij het stellen van doelen vind ik dat er een balans moet zijn tussen de emotionele dingen en de materiële of praktische dingen die je in je leven wilt introduceren. Emotionele doelen zijn bijvoorbeeld dat je je beter wilt voelen over je lichaam, dat je meer tijd investeert in je relatie, of je zelfvertrouwen op het werk vergroot. Praktische doelen zijn meestal eenvoudiger, bijvoorbeeld opruimen, een leuke sportieve activiteit zoeken waar je je aan zult houden, of meer georganiseerd zijn. Een nieuwe auto kopen of verhuizen zijn voorbeelden van materiële doelen.

Ik denk echter dat een te sterke focus op financieel gewin geen goede energie creëert. Het kan je angstig maken omdat het inhoudt dat je een bepaalde waarde toekent aan wat jij succes noemt. Dus hoewel financiële doelen belangrijk zijn – we willen ons immers allemaal financieel stabiel voelen en geld maakt deel uit van het leven – zouden ze niet al onze aandacht mogen hebben.

Wees niet bang om een doel te stellen zonder te weten hoe je dit moet verwezenlijken. Waar een wil is, is een weg. Je kunt het opsplitsen in fasen, mensen vinden om je te helpen, een vaardigheid leren om er te komen. Stel het doel en daag jezelf uit om een plan te maken.

Als we aan een doel denken, concentreren we ons te zeer op het resultaat – de finish, het feest als we de eindstreep hebben bereikt. We moeten echter ook nadenken over hoe de weg ernaartoe zal zijn.

Als je jezelf pusht om iets nieuws te doen, zul je vrijwel zeker hindernissen tegenkomen. Als je deze niet visualiseert, als je geen rekening houdt met hoe je je voelt bij eventuele tegenslagen, kun je hierdoor ontmoedigd raken. Als je bijvoorbeeld een marathon wilt lopen, besluit je om elke dag te starten met een ochtendrun. Hoe motiveer jij jezelf om 's ochtends vroeg uit bed te komen als het koud is? Wat heb jij nodig om door te zetten op de dagen dat je echt helemaal geen zin hebt?

Verbeelding is iets heel krachtigs. We kunnen niets doen zonder ons datgene eerst voor te stellen. Dus stel je ook de praktische en emotionele uitdagingen van je reis voor, niet alleen de uitkomst. Dit helpt je om de eindstreep te halen. Je kunt het op een moodboard zetten, zodat het ook visueel wordt.

Het heeft alles te maken met energie. Wat geeft jou de energie, de brandstof om die weg af te leggen? Denk niet dat het op de een of andere manier uit de lucht komt vallen. Dat gebeurt echt niet. Energie kan afkomstig zijn van een ongelooflijk motiverende vriend die af en toe vraagt hoe het met je gaat; goed voor jezelf zorgen zodat jij je goed voelt; de introductie van een nieuwe vorm van lichaamsbeweging in je routine om je uithoudingsvermogen te vergroten; ruimte om goed na te denken over een beslissing en hier enthousiast over te worden – dit is allemaal erg belangrijk.

Het laatste wat ik wil zeggen over doelen is dat je altijd bij jezelf moet nagaan of het echt jouw doelen zijn. We voelen allemaal op bepaalde momenten in ons leven wel eens de druk om dingen af te vinken en te bereiken. Als jij bepaalde dingen niet hebt gedaan en je jezelf vergelijkt met vrienden die dat wel hebben gedaan, kan dit ten koste gaan van je eigenwaarde en zelfvertrouwen. Maar passen die doelen wel bij jou? Ik had het er altijd over dat ik geen eigen huis bezat; het voelde zo belangrijk omdat het iets is wat je 'hoorde' na te streven. Maar nu verander ik dit idee over mezelf omdat ik zie dat ik een andere weg ben ingeslagen.

Sommige mensen worden onzeker omdat ze niet zijn waar ze 'zouden moeten zijn' in hun leven. Het is heel menselijk om onszelf te vergelijken met anderen. Maar dit kan ons oordeel vertroebelen en ons in de weg staan om te gaan voor wat we echt willen.

Daag jezelf uit om een plan te maken

Je intentie benoemen

Ik kies graag een woord van de maand. Het kunnen ook twee woorden of een uitdrukking zijn. Het is iets anders dan een doel, want het gaat over mezelf verankeren aan wat ik die maand dicht bij mezelf wil houden. Het heeft meestal te maken met iets wat er op dat moment speelt. Het kan te maken hebben met aanwezigheid, eraan denken tijd voor mezelf te nemen, te genieten van de reis. Ik denk er niet al te bewust over na; gewoonlijk vertelt mijn intuïtie wat juist is.

Bijvoorbeeld:

- Luister en leer

- Duidelijkheid en sensatie

- Voel de angst en doe het toch

Ik heb een vaste intentie. Er wordt zoveel van onze tijd en aandacht gevraagd dat ik heb gemerkt dat het stellen van een intentie focus geeft op een klein gebied waar ik om geef. Zo heb ik onlangs besloten om een maand niet te winkelen. Dat is iets praktisch, maar meer dan die praktische doelstelling wilde ik erachter komen waarom ik winkel en hoe ik die drang misschien kan vervangen door andere positieve dingen.

Schrijf of print je woord van de maand en je intentie op papier en plak het briefje als herinnering ergens waar je het elke dag ziet. Bijvoorbeeld boven de waterkoker, zodat je het ziet wanneer je thee maakt. Of plak het op je spiegel in de slaapkamer zodat dit het eerste is wat je 's ochtends ziet. Ik plak mijn intentie altijd op mijn laptop.

Als je erg visueel bent ingesteld, zal een afbeelding of foto je misschien meer aan je intentie herinneren. Toen ik bezig was met de oprichting van Trinny London had ik een fantastische foto van de baanbrekende vrouwelijke piloot Amelia Earhart die haar lippenstift opdoet in de cockpit van een vliegtuig. De glamour en het avontuur die de foto uitstraalt, sprak me toen echt aan.

De wonderen van meditatie

Ik vind meditatie en visualisatie om zoveel redenen nuttig. Het geeft me duidelijkheid, het vernieuwt mijn energie en het zuivert mijn hoofd van een enorme hoeveelheid lawaai. Het helpt me ook om met stress om te gaan.

Stress houdt ons vast op een plek waar we ons op niks anders kunnen concentreren dan op de bron van onze stress. Ik merk dat het mijn geheugen en focus beïnvloedt, en meditatie is een geweldige manier om hiermee om te gaan.

Er zijn oneindig veel soorten meditatie. Eigenlijk is het een overkoepelende term. Voor sommige mensen is het een heel spirituele oefening; daar komt het tenslotte vandaan. Maar laat je daardoor niet van de wijs brengen als je het nog nooit hebt geprobeerd. Het hoeft niet ingewikkeld te zijn en je kunt het op veel verschillende manieren als hulpmiddel in je leven gebruiken. Misschien denk je dat je het moeilijk vindt om 'je geest leeg te maken', maar daar gaat het niet altijd om.

Tijdens mijn fundraising voor Trinny London heb ik een vorm van meditatie beoefend die tot de categorie visualisering behoort. Ik stelde me voor hoe de producten op de fabrieksvloer werden gemaakt, vervolgens in dozen werden verpakt en over de hele wereld werden getransporteerd om uiteindelijk te worden gebruikt door vrouwen van wie ik hoopte dat ze er plezier aan zouden beleven. Deze oefening gaat over het benutten van de kracht van de verbeelding. Het hield me gefocust en energiek.

Ik heb het geluk gehad een aantal geweldige experts en specialisten te ontmoeten die mij veel hebben geleerd over hun vakgebied en op de volgende pagina's zal ik je aan een aantal van hen voorstellen zodat ze ook wat van hun wijsheid met jou kunnen delen. Jo Bowlby (die een briljant boek heeft geschreven met de titel *A Book for Life*) en Sanjai Verma zijn twee beoefenaars die me hebben geholpen met meditatieoefeningen, en de volgende oefeningen heb ik van hen geleerd.

Gebruik de kracht van je verbeelding

Een meditatieoefening tegen stress en angstgevoelens

De 'vijf zintuigen'-meditatie is een eenvoudige manier om je aandacht naar het nu te brengen en je racend brein even stil te zetten. Ik doe het dikwijls als ik in een maalstroom van gedachten zit die ik niet kan stilzetten. Het is een bekende techniek omdat die zo effectief is en je deze altijd en overal kunt toepassen.

Begin door een paar keer flink en diep adem te halen. Kijk om je heen en let bewust op vijf dingen die je kunt zien. Probeer de kleuren, vormen en kleinste details van deze dingen in je op te nemen.

Nu kun je je ogen sluiten als je dat wilt. Probeer of je vier verschillende dingen om je heen kunt horen. Het kan het geluid zijn van je eigen ademhaling, verkeer, een gesprek in de verte. Neem een moment om je op elk van deze vier dingen te concentreren.

Wat voel je? Dit kan van alles zijn, de textuur van je kleding tot het gevoel van je voeten op de vloer of hoe je je vanbinnen voelt. Hoe voel je je zittend in deze stille toestand?

Ga nu na wat je ruikt. Probeer twee verschillende geuren waar te nemen. En tot slot, wat proef je? Heb je op dit moment een smaak in je mond die je kunt identificeren en benoemen?

Als je dit hebt gedaan, haal je nog eens diep adem en mag je de focus loslaten.

Een visualiseringstechniek voor wanneer iemand jou domineert of verzwakt

Dit is heel handig als er iemand in je leven is die jou het gevoel geeft dat je kleiner bent of die jouw kracht en energie afneemt en als jij zijn of haar invloed op jou wilt verminderen.

Je kunt dit doen op het moment dat die persoon voor je zit of je kunt je voorstellen dat dat zo is. Stel je voor hoe deze persoon kleiner en kleiner wordt. Stel je voor hoe zijn of haar voeten boven de vloer bengelen naarmate hij of zij kleiner wordt, tot de persoon niet groter is dan een pop die nog maar nauwelijks ruimte inneemt. Kijk vanuit jouw geestesoog neer op deze kleine gestalte en bedenk hoeveel groter jij bent.

Een meditatieoefening voor energie

We bestaan uit atomen, die een positieve en negatieve lading kunnen bevatten. Zelfs wanneer we ons volledig leeg of uitgeput voelen, hebben we nog energie en deze oefening is een manier om die energie fysiek in ons te voelen en te kanaliseren.

Ga zitten, maak het jezelf gemakkelijk en haal een paar keer langzaam adem. Laat je ellebogen langs je lichaam hangen en steek je handen recht voor je uit met je handpalmen naar elkaar gericht. Sluit je ogen als je dat wilt en concentreer je op een gevoel van energie tussen je handpalmen. Als je je echt concentreert, voel je misschien hoe je vingers beginnen te tintelen. Stel je voor hoe deze bal van energie eruit zou zien en beweeg je handen eromheen. Probeer langzaam je handen uit elkaar te bewegen om te zien of je de energie ertussen kunt laten groeien. Duw ze nu dichter naar elkaar toe om de bal van energie compacter te maken. Als je er klaar voor bent, duw je die energie met je handen in je borst, in je hart.

Tijd voor lichaams- beweging

Als jong meisje had ik zo'n hekel aan lichaamsbeweging dat ik op school regelmatig een flinke verkoudheid fakete, zodat ik niet mee hoefde te doen met sporten. Ik snapte echt niet wat er zo leuk was aan een rondje rond het veld rennen in de regen of zwemmen in de vrieskou.

Toen ik ongeveer 23 was, begon ik met pilates. Ik denk dat ik me aangetrokken voelde door de gratie ervan en de associatie met ballet. Ik heb nooit gehouden van dingen waardoor ik ging zweten, hoewel ik op mijn 35e wel een tijdje heb gebokst; ik werd getraind door een man die ooit bokskampioen is geweest. Het sprak me deels aan vanwege de mentale kant – het ging om vaardigheden die ik kon leren.

Ik weet nu hoe belangrijk sporten is. Ik zag hoe mijn moeder snel achteruitging naarmate ze ouder werd. Dat had een grote impact op mij. Ze had last van dikke knieën en daardoor deed ze niet veel meer aan lichaamsbeweging. Dat leidde ertoe dat het lopen haar steeds moeilijker afging. Hierdoor besefte ik dat lichaamsbeweging nodig was om zo lang mogelijk mobiel te blijven.

De waarde van lichaamsbeweging voor de geestelijke gezondheid is een veelbesproken onderwerp, evenals de gezondheidsrisico's van een zittend leven. Dit is misschien ontmoedigend als je nooit zo van lichaamsbeweging hebt gehouden, als je een slechte conditie hebt of als je weinig vertrouwen hebt in je lichaam. Het belangrijkste is dat je een vorm van lichaamsbeweging kiest die je leuk vindt – of in elk geval kunt verdragen – en een manier vindt om vol te houden. Wat motiveert je? Vind je het fijn om buiten te zijn? Ga je liever naar een sportschool waar je andere mensen ontmoet, elke week op een vast tijdstip? Helpt het om naar muziek of een podcast te luisteren terwijl je sport?

Het lijkt misschien niet zo belangrijk wat je tijdens het sporten aanhebt, maar dat is het wel. Als je iets ouds en vormeloos aantrekt, versterkt dit je gevoel dat je iets doet wat je liever niet doet; dat het niks voor je is. Zoek in plaats daarvan een legging met een leuk patroon of een geweldige kleur die je met plezier aantrekt. Probeer getailleerde sportkleding te dragen - en als je niet van rolletjes houdt, kies dan een dikkere stof die ondersteunt. Je zult de veranderingen aan je lichaam sneller waarnemen en je daardoor energieker voelen.

Als je je bekeken voelt tijdens het sporten, bedenk dan dat de mensen in de sportschool of de groepsles vooral bezig zijn met wat ze zelf aan het doen zijn. Ik raad echt iedere vrouw aan om een of andere vorm van krachttraining te overwegen. Het is een van de belangrijkste dingen die je kunt doen om lang mobiel en actief te blijven. Het is nooit te vroeg of te laat om te beginnen. Het verbetert niet alleen je balans en stabiliteit, maar het verhoogt ook je botdichtheid, wat van vitaal belang is ter bescherming tegen osteoporose. Bovendien voelt het heel bevredigend als je iets zwaars optilt en je realiseert dat je daar heel goed toe in staat bent.

Tegenwoordig doe ik niet alleen aan krachttraining, maar ik wandel, doe aan yoga en nog steeds pilates. Ik zie het als een noodzaak. Ik heb er niet altijd evenveel zin in, en soms wil ik de les afzeggen, maar ik weet hoe goed ik me na afloop voel. Wat je ook doet, doe iets. Begin ergens. Focus je op wat je wel kunt, niet op wat je niet kunt of denkt te kunnen, en werk dan verder aan jezelf. Houd genoeg van jezelf om in je lichaam te investeren en de tijd te nemen om te sporten.

Yoga

In september 2020 ben ik onder leiding van Victoria Woodhall begonnen met yoga. Tot die tijd werd ik afgeschrikt door het idee dat je veel tijd moest investeren in het aanleren van ingewikkelde poses, die je met een enorme eerbied moest behandelen. Dat kun je natuurlijk doen als je wilt, maar Victoria's benadering gaat over sterker worden, een goede balans (heel belangrijk naarmate je ouder wordt), ademwerk en het stretchen van de spieren die verkrampen wanneer we ons de hele dag over ons bureau buigen. Om met haar woorden te spreken: het komt allemaal neer op 'bewegen en ademen'.

Als je al op de hoogte bent van alle voordelen van yoga, mag je dit gedeelte gerust overslaan. En als je nog twijfelt, laat ik het aan Victoria zelf over om je overtuigen...

Waarom yoga beoefenen?

Yoga is een ervaring die jou ontmoet waar je ook bent, in welke levensfase dan ook en die zich samen met jou ontwikkelt, met je mee verandert en je voorwaarts, verder en opwaarts draagt.

Vaak wordt gedacht dat het bij yoga draait om flexibiliteit, en dat is voor veel mensen al voldoende om er niet eens aan te beginnen. 'Ik kan mijn tenen niet eens aanraken. Dat is echt niks voor mij.' Tenzij je ambities hebt om bij het circus te gaan, kun je deze misvatting loslaten. Probeer eens een yogales.

Het is een van de beste allroundoefeningen voor kracht, stabiliteit en balans in lichaam en geest – allemaal waardevolle vaardigheden in deze turbulente wereld. Ja, je wordt beslist flexibeler, maar het is niet het doel. Yoga geeft je eindeloos veel manieren om je beter te voelen, sterker te worden, je volledige bewegingsbereik te ervaren, nieuwe uitdagingen aan te gaan en meer vertrouwen te voelen in wat je kunt doen naarmate je ouder wordt. Wie zegt dat je als vijftiger niet meer kunt leren om op je hoofd te staan? Mijn vader deed op zijn 79e verjaardag de Kraanvogel voor. Hoezo durven!

Yoga zorgt ervoor dat je kwieker en veerkrachtiger wordt, en we ons lichter voelen. Verlenging, versterking en coördinatie van onze spieren betekenen dat we gemakkelijker en soepeler blijven bewegen, lekker in ons vel zitten en ons jeugdiger gedragen.

Omdat yoga ook een ademhalingsoefening is – we bewegen op het gestage ritme van onze ademhaling, zoals dansen op ons eigen ritme – kan het krachtige en onmiddellijke mentale en emotionele voordelen bieden. Dit is vaak de reden waarom mensen zeggen dat ze zich beter voelen na de les. Door ons op een regelmatige ademhaling te concentreren, kalmeren we de onrust in ons hoofd en zetten we het volume van onze innerlijke criticus die ons zo graag tegenhoudt lager.

Net zoals er veel muziekstijlen zijn, zijn er ook honderden yogastijlen en -docenten. Het is belangrijk om de stijl en de docent te vinden waarbij jij je prettig voelt. Bovenal moet jij je er zo goed bij voelen dat je graag terugkomt. Wees bereid om er een paar te proberen voordat je de juiste match vindt. Maar als je eenmaal een fijne yogagroep hebt gevonden, geniet je zoveel meer van 'jouw' reis.

Onze relatie tot suiker

Goede voeding is een van de belangrijkste manieren waarop we ons lichaam kunnen verzorgen. Hoe groot of klein je ook bent, wat het wel of niet kan, het is van jou en het verdient het om zowel vanbinnen als vanbuiten verzorgd te worden.

Als je je traag en moe voelt, is een gebrek aan voedingsstoffen vaak op zijn minst een deel van de oorzaak. Het is belangrijk dat je leert luisteren naar je lichaam en naar wat het nodig heeft. Als je moe of verdrietig bent, is het zo verleidelijk om naar chocolade of taart te grijpen om je beter te voelen. Wanneer je wordt overspoeld door werk of gezinsverplichtingen, lijkt een kant-en-klare maaltijd dé oplossing. We doen het allemaal wel eens en daar hoef je je echt niet voor te schamen. Besef wel dat je jezelf er op de lange termijn geen dienst mee bewijst.

Je raakt in de problemen als de berichten die ons lichaam ons stuurt, vervormd raken. Als je bijvoorbeeld automatisch naar een zoete snack grijpt wanneer je moe bent, raakt je lichaam hieraan gewend en krijg je steeds meer behoefte aan suiker. En suiker is een oorzaak van ontstekingen in het lichaam. En dat terwijl je lichaam eigenlijk behoefte heeft aan rust, misschien meer voedingsstoffen, of juist beweging.

Sinds de menopauze merk ik nóg beter wanneer ik iets heb gegeten wat veel suiker bevat. Ik voel de ontsteking die het veroorzaakt, vooral in mijn enkels. Dit doet me stoppen en bedenken wat het nog meer met mijn lichaam zou kunnen doen.

Als je iemand bent die veel suiker eet, overweeg dan om daar eens een paar weken mee te stoppen. Misschien heb je eerst last van bijwerkingen – sommige mensen melden slapeloosheid, prikkelbaarheid, onbedwingbare trek en hoofdpijn – dat is de impact van suiker op ons lichaam, dus zorg ervoor dat je je eerst goed informeert, zodat je weet wat je kunt verwachten. Dit kan een heel goede manier zijn om je relatie tot suiker te resetten en jezelf te bewijzen dat je niet naar snacks en zoetigheid hoeft te grijpen die niet goed voor je zijn.

De valkuilen van alcohol

Dat alcohol niet goed voor je is, is geen nieuws meer. Maar misschien zijn we wat gemakkelijk geworden in onze relatie tot alcohol en nemen we de futloosheid, doffe huid, het slechte slapen en de milde depressie en angst die het met zich meebrengt voor lief.

Voor sommigen is alcohol gewoon een manier om je na een dag hard werken snel te ontspannen en gezelliger te zijn. Onze relatie tot alcohol kan ook behoorlijk emotioneel zijn en we zijn bang voor verandering: je vraagt je af hoe je vriendinnen zullen reageren als je de gebruikelijke gin-tonic op vakantie weigert of wat je partner zal zeggen als je nee zegt tegen die mooie fles rode wijn voor bij het etentje dat hij of zij voor jou heeft gemaakt. Maar het gaat niet om de ander; het gaat om jou.

Het is het niet waard om concessies te doen aan je gezondheid en energie omwille van wat anderen van je denken.

Alcohol wordt slecht voor je als je je depressiever begint te voelen, als je ontstekingen in je lichaam voelt en je het gevoel hebt dat je een moeilijke situatie niet zonder alcohol aankunt. Natuurlijk kan het heerlijk sociaal zijn, maar je moet je zorgen gaan maken als het je gezondheid of energieniveau in gevaar brengt. Misschien ben jij iemand die zich onder druk gezet voelt om te drinken, maar als je echt voor jezelf wilt zorgen, moet je nee kunnen zeggen. Als je dat moeilijk vindt, vraag je dan af hoe dat komt.

Als je stopt met alcohol, krijg je waarschijnlijk meer trek in suiker. Ik probeer geen spelbreker te zijn, maar door extra suiker te nemen, ga je je suf voelen en het veroorzaakt ontstekingen in je lichaam. Dit doet de positieve effecten van stoppen met alcohol misschien teniet, waardoor je het op zou kunnen geven. En zo kom je in een vicieuze cirkel terecht.

Als je bang bent dat je een alcoholprobleem hebt, dan zijn er veel manieren om hulp te krijgen. Je zou naar een kennismakingsbijeenkomst van de AA kunnen gaan. Je zult erachter komen dat je niet alleen bent (zie blz. 348). Of je kunt naar een groepstherapie of 1-op-1-sessie gaan om een eerlijk beeld te krijgen van jouw relatie tot alcohol.

Laten we het over seks hebben

Dit is een complex en heel persoonlijk onderwerp, maar naar mijn idee kun je er niet genoeg over praten als je eenmaal een bepaalde leeftijd hebt bereikt. Onze seksualiteit is immers een belangrijk onderdeel van wie we zijn.

Waarschijnlijk hebben we allemaal wel periodes waarin we minder geïnteresseerd zijn in seks. En ook momenten waarop we ons minder seksueel aantrekkelijk voelen. Als jouw relatie onlangs is beëindigd en je de laatste tijd weinig seks hebt gehad (wat vaak gebeurt als een relatie tot een einde komt), is het mogelijk dat je je onbewust afsluit voor seks. Als je echt geen seks meer wilt met een ander, dan is dat absoluut prima; het gaat erom dat je een deel van wie je bent, niet mag ontkennen omdat dit veiliger voelt, of omdat je geen vertrouwen hebt.

Zin in seks is sterk verbonden met je hormoonspiegels. Het kan zijn dat jij veel zin hebt in seks en je partner niet, en als je partner een man is, moet hij misschien zijn testosteronniveau laten controleren. Ik spreek veel vrouwen van boven de vijftig die een HRT (*Hormone Replacement Therapy* - of hormoonvervangingstherapie) ondergaan. Ze krijgen weer zin in seks en de seks is soms zo fijn dat het voelt alsof ze een verhouding hebben. Het kan terugkomen...

Wat het voor jou ook betekent om seksuele gevoelens te hebben - of het nu iets is wat jij in je eentje of met iemand anders wilt doen - het is iets geweldigs om te verkennen. Als je deze kant van jezelf afsluit, blokkeer je je energie.

Als ik geen seksuele energie voel, heb ik het gevoel dat ik sneller ouder word. Je moet je oké voelen met je seksualiteit. Het betekent niet dat je per se een relatie moet hebben; het betekent gewoon dat je vertrouwen voelt in je lichaam. Als je naar iets kijkt wat je vroeger sexy vond en nu niet meer, dan heb je misschien een deel van jezelf afgesloten en moet je het terugvinden. Maak die goede vriend wakker.

Je moet je oké voelen met je seksualiteit

Voel je woede

Onze hormonen laten ons hun aanwezigheid het meest voelen wanneer de hormoonspiegels in ons lichaam drastisch veranderen. Dus tijdens onze puberteit, zwangerschappen, perimenopauze of menopauze. Sommigen hebben op verschillende momenten tijdens hun menstruatie last van puistjes, stemmingswisselingen, ontstekingen en nog veel meer.

Maar of we ons er nu van bewust zijn of niet, hormonen hebben invloed op alles wat we doen en evenwichtige hormoonspiegels zijn belangrijk voor ons algemeen welzijn. Ze hebben invloed op zoveel dingen die verder gaan dan vruchtbaarheid en stemming.

Ik begon met de perimenopauze toen ik 45 was. Veel vrouwen ervaren tijdens de perimenopauze en de menopauze neerslachtigheid en een gebrek aan energie. Het komt echter regelmatig voor dat een arts de verkeerde diagnose stelt en antidepressiva voorschrijft. Die doen echter niets aan de kern van het probleem. Niet alle artsen hebben blijkbaar evenveel kennis van het onderwerp. Daarom is het zo belangrijk dat je jezelf informeert en proactief hulp zoekt wanneer je die nodig hebt.

Het is een enorm onderwerp en ik ben geen expert, maar het is belangrijk dat we hier meer over praten en daarom vroeg ik dr. Erika Schwartz of zij hier iets over wilde vertellen (ze heeft drie geweldige boeken geschreven over hormonen als je meer informatie wilt). Ik ging voor het eerst naar dr. Erika in New York toen ik besefte dat ik nog niet de juiste HRT had gevonden, en het maakte een enorm verschil. We hoeven echt geen vreselijke PMT, laag libido, gebrek aan energie of *brain fog* te accepteren of andere verschijnselen die worden veroorzaakt door een hormonale disbalans. Er zijn oplossingen.

Wat we moeten weten over hormonen
door dr. Erika Schwartz

Wij zijn onze hormonen.

Als onze hormonen in balans zijn, zijn we jong, gezond en energiek, slapen we goed, hebben we geen rimpels, kunnen we de hele nacht feesten, 's ochtends weer vrolijk naar het werk gaan en houden we over het algemeen van seks. Als onze hormonen uit balans zijn of zijn verdwenen, beginnen we symptomen te krijgen als opvliegers, nachtelijk zweten, slapeloosheid, prikkelbaarheid, depressie, angst, gewichtstoename, gekke allergieën, jeuk, algemene malaise enzovoort. Misschien denken we dan gewoon dat het bij de leeftijd hoort. Maar we hoeven daar geen last van te hebben en we hoeven onze overgangsjaren niet ziek, voorovergebogen, met afbrokkelende botten en labiel door te maken. Er zijn genoeg oplossingen en geweldige manieren om gezond en energiek oud te worden.

Laten we allereerst de angst uit het plaatje schrappen. Een studie uit 2002 – die in 2013 werd ingetrokken – maakte artsen en vrouwen bang omdat deze impliceerde dat hormoonvervangingstherapie in verband werd gebracht met kanker. We weten inmiddels dat dit helemaal niet het geval is. Van de zogeheten bio-identieke, mens-identieke of natuurlijke hormonen wordt aangenomen dat ze kanker, hartaandoeningen, osteoporose, alzheimer helpen voorkomen. Ze verminderen de sterfte in het algemeen bij vrouwen die deze hormonen vóór de menopauze beginnen in te nemen (NICE, 2015). Ik werk al bijna 30 jaar met deze hormonen, ik neem ze zelf al 26 jaar en heb meer dan 10.000 vrouwen met deze hormonen behandeld.

En als we het hebben over ouder worden, dan gaat het niet alleen om hormonen. Je kunt hiermee de klok terugdraaien. De rest draait om voeding, lichaamsbeweging, supplementen, peptiden, slaap en stressmanagement.

Oestradiol (de krachtigste van de drie soorten oestrogeen), progesteron en testosteron zijn de belangrijkste hormonen die je moet kennen, maar er zijn er nog meer.

Onze twintiger jaren

Een onregelmatige menstruatie is geen teken dat er iets mis is en wijst niet per se op een hormonale disbalans. Dit is de tijd waarin je leert om in je lijf te leven, om je te focussen op levensstijl, je lichaam te leren kennen en welke invloed voeding, lichaamsbeweging, slaap en stress op je lichaam hebben. Onthoud dat je normale hormoonproductie wordt beïnvloed als je anticonceptie slikt of een hormonaal implantaat gebruikt; dit onderdrukt de normale hormoonproductie van je lichaam.

Onze dertiger jaren

Onze hormoonspiegels en ovulatie beginnen te veranderen. Als je probeert kinderen te krijgen, kun je tegen het einde van je cyclus of de tweede dag van je menstruatie een bloedtest laten afnemen om je FSH-, LH- en prolactineniveaus te meten. Sommige vrouwen hebben heftige premenstruele symptomen - prikkelbaarheid, opvliegendheid, gewichtstoename, slaapproblemen, opvliegers, nachtelijk zweten - die een hormonale oorzaak hebben en met hormonen gecorrigeerd kunnen worden. Je zou erover kunnen denken om hormonale anticonceptie te vervangen door een koperspiraal. Deze heeft waarschijnlijk de minste invloed op je hormoonspiegels.

Als je een baby hebt en moeite hebt om je lichaam en geest van vóór de zwangerschap te herstellen, zoek dan een arts of behandelaar die verstand heeft van hormoonspiegels. Dit is veel beter dan denken dat dit er nou eenmaal bij hoort.

Onze veertiger jaren

Veranderingen die we in onze dertiger jaren begonnen te ervaren, worden nu meer merkbaar. Vergeet regelmatige cycli en focus op hoe je je voelt, en besteed meer aandacht aan je voeding. Neem supplementen en pas je voeding aan zodat je alle mogelijke voedingsstoffen binnenkrijgt. Hormonen worden gemaakt in de darm, en het microbioom, de gezonde bacteriën, hebben grote invloed. Je merkt misschien enige insulineresistentie, wat zich manifesteert in dat 'reservewiel' om je middel. Dit wordt vaak veroorzaakt door koolhydraten – brood, pasta, alcohol, zuivel. Je kunt minder goed tegen bewerkte voedingsmiddelen.

Onze vijftiger jaren

De meeste vrouwen gaan rond hun vijftigste de menopauze in. Maar ik heb veel vrouwen van in de veertig ontmoet die al waren gestopt met menstrueren, en ook vrouwen van achter in de vijftig die er nog steeds de klok gelijk op konden zetten. Laten we daarom de etiketjes vergeten en ons concentreren op hoe we gezond, levenslustig en energiek blijven, ongeacht onze hormoonstatus of menstruatiefrequentie. Naast het volgen van de voor jou juiste behandeling met bio-identieke hormonen heb je nu ook schildklier- en bijnierhormonen nodig en wordt een goede levensstijl nóg belangrijker om je gezond te houden en je te beschermen tegen ouderdomskwaaltjes en -ziekten.

Onze zestiger, zeventiger en latere jaren

Als je goede gewoonten hebt opgebouwd en het verband begrijpt tussen wat je doet en hoe je je voelt, de cruciale rol van hormonen kent en weet hoe belangrijk het is dat jij je eigen passie vindt, kun je je aanpassen naarmate je lichaam andere eisen stelt. Blijf die hormonen en supplementen innemen en doe alles wat nodig is om te genieten van het geweldige leven dat jij voor jezelf hebt gecreëerd. Ziekten als diabetes, osteoporose en hartaandoeningen zijn een onvermijdelijk onderdeel van ouder worden, maar onthoud dat we een actieve rol kunnen spelen om ons daartegen te verdedigen.

De belangrijkste supplementen

Ik neem een aantal supplementen met vitaminen en mineralen om mijn lichaam te ondersteunen (sommige mensen zeggen dat ik rammel als een pillendoos). Mensen vragen vaak of je alles wat je nodig hebt uit goede voeding kunt halen, maar ik denk gewoon dat de meeste mensen daar niet in slagen. Om één reden te noemen, tegen de tijd dat vers eten in mijn winkelwagen ligt - oké, ik woon in een grote stad - is het doorgaans al drie tot vijf dagen oud. En dan ligt het misschien nog een paar dagen in de koelkast. In die tijd zijn veel van de voedingsstoffen al verloren gegaan. Ons lichaam heeft complexe behoeften - waar wetenschappers nog steeds meer over leren - en supplementen stellen ons in staat om hiaten op te vullen die niet worden ingevuld door onze voedingsinname.

De juiste supplementen kunnen ons helpen fit en gezond te blijven naarmate we ouder worden.

Er zijn veel verschillende producten en misschien moet je wat onderzoek doen om te weten of je ze nodig hebt en welke geschikt voor je zijn. Ik heb veel geleerd van Shabir Daya, een apotheker en medeoprichter van Victoria Health, een schitterende plek voor advies en een aanbieder van natuurlijke gezondheidsproducten in het VK. Ik heb hem gevraagd of hij hier een korte introductie van enkele van de belangrijkste supplementen kon geven en kon uitleggen waarom je kunt overwegen om ze te nemen.

Onze lichamen hebben complexe behoeften

Welke supplementen je kunt nemen
door Shabir Daya

Ik ben er stellig van overtuigd dat er enkele fundamentele voedingsstoffen en supplementen zijn waar de meesten van ons baat bij hebben als ze dagelijks worden ingenomen. Ik heb het hier over een vitamine D3-supplement, een omega 3-supplement en, voor velen van ons, een probioticum van hoge kwaliteit.

Van **vitamine D3** dacht men vroeger dat je het nodig had voor sterke botten en tanden, maar nu weten we dat vrijwel elke klier in ons lichaam een vitamine D-receptor heeft. Dat betekent dat het bij veel processen wordt gebruikt. Talrijke studies tonen aan dat veel mensen onvoldoende vitamine D uit voeding halen en te weinig buiten zijn. Vitamine D-supplementen worden dan ook aangeraden voor bepaalde groepen, waaronder vrouwen boven de vijftig. Kijk eens of het voor jou goed zou zijn om extra vitamine D te slikken en overleg eventueel met je huisarts.

Het lichaam heeft **omega 3** nodig voor de aanmaak van hormonen, voor het transport van vetoplosbare vitaminen in en uit cellen, voor het behoud van een gezonde huid, voor het verbeteren van de bloedsomloop en voor het verlagen van ontstekingsniveaus. Het zit in vette vis zoals tonijn, makreel en zalm, maar de meesten van ons eten dit niet twee tot drie keer per week, dus een supplement is handig.

Probiotica zijn nuttige bacteriën die betrokken zijn bij een aantal zeer cruciale processen, zoals het behoud van een gezond immuunsysteem, ontgifting in de darm, bevordering van een gezonde stoelgang, het voorzien van stimulerende B-vitaminen en nog veel meer. Op dit moment vindt er veel wetenschappelijk onderzoek hierover plaats; we hebben gezien dat specifieke bacteriestammen invloed hebben op het gemoed, het cholesterolgehalte en zelfs de gezondheid van het tandvlees.

Het eten van **evenwichtige, gezonde voeding** is op elke leeftijd erg belangrijk. Naarmate we ouder worden, kunnen we overwegen om meer supplementen toe te voegen om de natuurlijke processen van het lichaam te ondersteunen.

Een **calciumsupplement** zou je kunnen introduceren als je de veertig bereikt en er osteoporose in de familie zit, of als je geen zuivel eet.

Vitamine C is goed voor de werking van bloedvaten, voor je huid, tanden en botten. Men denkt dat het cellen helpt beschermen tegen oxidatieve stress.

NAD+ wordt in vrijwel alle levende cellen aangetroffen en is betrokken bij tal van biologische processen. Dalende NAD+-niveaus worden in verband gebracht met ouderdomsziekten en het is deze eigenschap die versnelde veroudering kan helpen voorkomen. NAD+-niveaus zijn rond ons veertigste levensjaar met de helft afgenomen, dus het is de moeite waard om supplementen zoals nicotinamide riboside te introduceren.

Ons spijsverteringssysteem produceert lagere hoeveelheden spijsverterings-enzymen naarmate we ouder worden. Als je last hebt van een opgeblazen gevoel en andere spijsverteringsproblemen, kan een goed supplement van **spijsverteringsenzymen** dat geschikt is voor dagelijks gebruik niet alleen helpen dit te voorkomen, maar het kan ook de opname van vitaminen en mineralen verbeteren.

Een eiwit genaamd **intrinsieke factor** brengt **vitamine B12** vanuit de darmen de bloedbaan in. Vitamine B12 verbetert rode bloedcellen die zuurstof naar alle delen van het lichaam transporteren; het helpt bij de aanmaak van hormonen voor stressvermindering en energie; het beschermt het zenuwstelsel en het is nodig voor de aanmaak van het slaaphormoon. Wanneer je de vijftig bereikt, vertraagt de productie van intrinsieke factor, dus misschien kun je je huisarts of gezondheidsdeskundige om een vitamine-B12-test vragen. Als een tekort wordt geconstateerd, heeft het geen zin om tabletten te slikken, aangezien die niet efficiënt worden geabsorbeerd. Kies voor vitamine B12-sprays of zuigtabletten omdat de vitamine dan onder de tong of via de wangen rechtstreeks in de bloedbaan wordt opgenomen.

Supplementen kunnen ook worden gebruikt om specifieke problemen aan te pakken. Hier zijn enkele problemen waarbij ik mensen aanraad om supplementen te proberen.

Een **slechte huid** wijst vaak op een verstoorde hormoonhuishuiding. Hierbij komen ontstekingschemicaliën vrij die tot overtollige talgproductie en verstopte poriën leiden. Zink is een mineraal waarvan bekend is dat het de ontstoken huid kalmeert wanneer het plaatselijk wordt aangebracht (denk aan zink- en castoroliecrème voor rode babybilletjes) of je kunt een supplement nemen dat zink bevat.

Het **premenstrueel syndroom (PMS)** is de verzamelnaam voor diverse emotionele en fysieke klachten die verband houden met een verstoorde hormoon-huishouding, met name wanneer het lichaam meer oestrogeen dan progesteron heeft. Van drie voedingsstoffen wordt gedacht dat ze de symptomen helpen verlichten, namelijk magnesium, vitamine B6 en saffraan. Magnesium ontspant de spieren en zenuwen terwijl het helpt om krampen en pijnlijke borsten te verlichten; van vitamine B6 wordt vermoed dat het de geslachtshormonen reguleert en saffraan heeft een positieve invloed op je gemoed.

IJzertekort leidt tot een gebrek aan voldoende rode bloedcellen om zuurstof door het lichaam te transporteren. Dit leidt tot kortademigheid en een gebrek aan energie. De meestvoorkomende oorzaken zijn hevige menstruaties en zwangerschap. Ik adviseer ionisch ijzer, een ijzersupplement dat geen verstopping veroorzaakt en dat ijzer in de meest biologisch beschikbare staat levert.

Een **opgeblazen gevoel** wordt meestal veroorzaakt door een gebrek aan spijsverteringsenzymen. Dit kan optreden als gevolg van stress, hormonale stoornissen of gewoon het verouderingsproces. Een supplement met spijsverteringsenzymen van hoge kwaliteit kan het opgeblazen gevoel verminderen en verbetert meestal ook de opname van voedingsstoffen in hoge mate.

De exacte oorzaak van **rosacea** is nog steeds niet volledig bekend. Genetische aanleg, SIBO (een overmatige groei van bacteriën in de dunne darm), huidmijt en onregelmatigheden tussen het zenuwstelsel en de bloedvaten zijn allemaal mogelijke boosdoeners. Supplementen met zink en kruiden zoals klis kunnen deze aandoening vaak verlichten.

Brainfog is een veelvoorkomend probleem wanneer je veel stress hebt, slecht slaapt of in tijden van hormonale veranderingen. Mensen hebben het gevoel dat ze zich niet op een taak kunnen concentreren. Ze zijn vergeetachtig of voelen zich mentaal minder scherp. Ik adviseer een supplement genaamd *Lion's mane* of leeuwenmaanextract – een paddenstoelenextract dat in poedervorm verkrijgbaar is voor thee – om je focus, helderheid van denken en mentale energie te versterken.

Neem supplementen in principe in met voedsel, vooral kruidensupplementen, omdat ze niet lichaamseigen zijn en maagstoornissen kunnen veroorzaken. Alleen aminozuren zoals glutamine en lysine mogen op een lege maag worden ingenomen, bij voorkeur ongeveer een halfuur voordat je iets eet. Hoewel veel vitaminen beschikbaar zijn in vormen voor sublinguaal gebruik (als druppels of zuigtablet onder de tong), worden slechts enkele vitaminen via deze methode geabsorbeerd. Probeer supplementen te spreiden. Het is niet efficiënt om ze allemaal tegelijk in te nemen omdat het spijsverteringssysteem maar een bepaalde hoeveelheid kan verwerken.

Als je medicijnen gebruikt en hebt nagevraagd of je supplementen mag nemen, neem je ze ten minste twee uur na het tijdstip waarop je je medicijnen inneemt, voor het geval ze de opname beïnvloeden.

Rekeningen, rekeningen en nog meer rekeningen

Praat jij gemakkelijk over geld?

Ben jij iemand die boven op je financiën zit of vermijd je het openen van je online bankieren-app totdat je het echt niet langer kunt uitstellen?

Je bent waarschijnlijk niet de enige die bij het lezen van deze kop een lichte huivering voelt. Geld is zo'n beladen onderwerp en voor velen van ons een bron van angst. En niet alleen vanwege de begrijpelijke zorgen dat we misschien niet genoeg hebben om onze rekeningen te betalen.

De relatie van je ouders tot geld en of je bent opgegroeid in een al dan niet financieel veilige situatie heeft natuurlijk een grote impact op jouw volwassen houding ten opzichte van geld uitgeven en sparen.

Mijn familie had het goed toen ik jong was. Ik had een oppas en ging al op vrij jonge leeftijd naar een kostschool. Ik heb mijn ouders niet veel gezien, maar ik ben absoluut opgegroeid met financiële privileges. Later, toen ik ongeveer achttien was, pakten een paar zakelijke deals van mijn vader verkeerd uit en werd het financieel een stuk slechter. We waren niet helemaal blut, maar ik herinner me dat ik me uit balans voelde en ik vond het lastig om me aan te passen.

Hoewel ik nooit goed was op school, ben ik altijd een harde werker geweest. Op mijn zestiende had ik een zaterdagbaantje bij Partridges, een delicatessezaak in het centrum van Londen. Dit was vrij ongebruikelijk onder mijn schoolvrienden, die geen van allen een baan hadden, maar ik wilde mijn eigen geld verdienen.

Zo rond mijn dertigste hoefde ik me niet echt zorgen te maken over geld; ik werkte veel en had een goed salaris. Maar ondanks dat, heb ik altijd dat onderliggende gevoel van angst gehad. Een onzekere financiële toekomst weerhoudt je om nu van het leven te genieten en het te accepteren. Dus in plaats ervan te genieten, maakte ik me voortdurend zorgen. Later scheidde ik van mijn man en mijn tv-werk in het Verenigd Koninkrijk werd minder. Ik voelde een echte financiële onzekerheid terwijl ik probeerde te bedenken wat ik zou kunnen doen.

Ik was zo opgelucht toen Susannah en ik een contract aangeboden kregen om onze show wereldwijd uit te rollen. Ik werd de hoofdkostwinner. Het nadeel daarvan was dat ik ongeveer zeven maanden per jaar, van maandag tot en met vrijdag, in het buitenland werkte en alleen het weekend thuis met Lyla was. Dat vond ik een ontzettend moeilijke beslissing, maar er was geen alternatief.

Ik heb de afgelopen jaren absoluut goede en slechte financiële beslissingen genomen. Ik heb zowel frivool als verstandig geld uitgegeven. Ik heb natuurlijk veel geld uitgegeven aan kleding, hoewel ik ook veel kleding heb verkocht toen ik geld nodig had om Trinny London te starten.

Ik vind niet dat praten over geld taboe moet zijn. En ik denk dat we ons niet moeten laten intimideren door gesprekken over geld. Net als elke angst, worden zorgen over geld groter als ze in het donker kunnen broeden. Geldzorgen kunnen verlammend zijn en een schaduw werpen over zoveel aspecten van ons leven; het kan onze energie ondermijnen. Zelfs het nemen van financiële beslissingen wanneer je wél geld hebt, kan beladen en stressvol aanvoelen.

Laat je niet overweldigen en probeer emotie zo veel mogelijk te scheiden van het probleem of de beslissing. Je kunt de situatie dan objectiever bekijken. Probeer zaken zo veel mogelijk op een logische manier te benaderen, net als een situatie die geen betrekking heeft op je banksaldo.

Er is een periode in mijn leven geweest dat ik bijeenkomsten van Debtors Anonymous (DA) (anonieme schuldenaren) bezocht. Het is een heel goede zelfhulpgroep die je helpt om je financiën in perspectief te plaatsen en je relatie tot geld duidelijk te maken. Als je je zorgen maakt over geld, ben je minder capabel omdat je leeft vanuit angst. Je hebt een objectieve blik nodig.

Behandel zaken op een logische manier

VRAAG JEZELF AF:

1   Weet jij precies waar je elke maand je geld aan uitgeeft?

2   Voel jij je altijd schuldig wanneer je geld uitgeeft? Zelfs als het een noodzakelijke aankoop is?

3   Verberg je impulsaankopen voor je partner of voor jezelf, door bijvoorbeeld kleding achter in je kledingkast te verbergen?

4   Heb je dikwijls moeite om je rekeningen te betalen?

DAAG JEZELF UIT

Focus

Besteed een hele week alleen aandacht aan je financiën. Het is maar één week van je leven en het zal je echt helpen. Schrijf alles op – al je vaste lasten, en kijk dan naar je salaris om te zien wat er overblijft voor niet-essentiële zaken. Als er niets overblijft, vraag jezelf dan af of je wel genoeg verdient. Als je denkt dat je goed presteert en wordt onderbetaald, overweeg dan om een lijstje te maken van al je briljante eigenschappen en prestaties. Tijdens een volgend evaluatiegesprek verkoop je jezelf om een goede opslag te krijgen. En als ze je niet kunnen betalen, is het misschien tijd om een andere baan te zoeken.

Neem nu een beslissing

Schrijf een maand lang elke dag op wat je uitgeeft. Doe dit bijvoorbeeld met de notitie-app op je telefoon. We vergeten vaak de kleine dingen die uiteindelijk behoorlijk kunnen oplopen. Het kan de derde kop koffie van de dag zijn of twee keer per week uit eten gaan. Waar geef je je geld aan uit? Misschien geef je veel geld uit aan kleding, maar je wilt ook met vakantie gaan. Bedenk welke uitgaven je het meest gelukkig maken.

Blijf op de hoogte van technologie

Nieuwe apps, apparaten, platforms - zelfs jargon en ideeën - verschijnen met zo'n snelheid en regelmaat dat je niet eens ver achter hoeft te blijven om je overweldigd of buitengesloten te voelen. Maar het is van vitaal belang dat je het niet opgeeft.

Ik zie dit maar al te vaak bij vrienden van mijn leeftijd en ouder (en zelfs jonger!). We voelen ons op de proef gesteld door weer een nieuwe technologie en zijn bang om voor dom te worden versleten.

Technologie is een onderdeel van elk element van ons leven. Misschien ben je op een leeftijd waarop je zoon of dochter ingrijpt wanneer jij iets op je telefoon probeert te doen en dit te langzaam gaat naar hun idee. Misschien vind je dat allang goed, maar het gevolg is dat je je nóg minder 'connected' gaat voelen. Ik vind het van cruciaal belang om te begrijpen wat er om mij heen gebeurt. Als je het gevoel hebt dat je Facebook, Instagram en TikTok wel zo'n beetje begint te begrijpen, maar dat ChatGPT, AI en de Metaverse gewoon iets te ver gaan, bedenk dan dat deze over vijf jaar net zo vertrouwd voor jou zullen zijn als Instagram nu. Dus verdiep je erin en voel je erbij betrokken. Heb een mening. Vooruitgang staat niet stil.

Bijblijven met technologie staat niet haaks op een spiritueel leven. Deze twee kunnen naast elkaar bestaan. Ik weet dat mensen verslaafd kunnen raken aan social media. Social media zijn niet altijd waarheidsgetrouw en we moeten dan ook waakzaam zijn voor mensen die een onrealistische versie van het leven weergeven of nepnieuws verspreiden. Maar daar gaat het hier niet om. Het gaat erom dat je het gevoel hebt dat jij zelf iets kunt en dat jij de regie hebt.

Technologie is een deel van elk element van ons leven

Ik ben er voor je

Vriendschap is zo belangrijk. Dat gevoel ergens bij te horen, mensen in je leven te hebben die je kennen en weten wie je werkelijk bent is van onschatbare waarde.

Ik ben niet altijd goed geweest in hulp zoeken bij een vriend als ik me eenzaam, neerslachtig of gestrest voelde. Het kan een vicieuze cirkel worden en daarom moet je dit echt doen. Ik steek bewust energie in mijn vriendschappen en ik heb de kracht van openhartigheid geleerd.

Alleenstaande vrouwen bouwen vaak sterkere vriendschappen met andere vrouwen op. Als je een partner hebt met wie je samenwoont, kun je gemakzuchtig worden. Vriendschappen onderhouden kost tijd en energie, maar het is de moeite waard wanneer je relaties opbouwt waarmee je elke fase van je leven kunt delen. Houd gewoon alle communicatielijnen open.

Misschien voelt het ongemakkelijk om contact op te nemen met een oude vriend die je lange tijd niet hebt gezien. Maar ik denk dat je het gewoon moet proberen, en als hij of zij niet reageert, dan is dat prima - je hebt het in elk geval geprobeerd. Jij bent misschien wel het type vriend dat er altijd is voor anderen, terwijl je zelf nooit om hulp vraagt. Het is toch logisch dat je vrienden jou ook zouden willen helpen. Mensen vinden het fijn wanneer ze het gevoel hebben dat iemand hen nodig heeft. Het vergroot hun eigenwaarde. Delen is een genereuze, niet egoïstische daad die van twee kanten moet komen.

Je zou vriendschappen moeten hebben met mensen die ouder én jonger zijn dan jij. Leeftijd en levenservaring mogen een vriendschap niet in de weg staan. Je hoeft niet op elk niveau een klik te hebben om bevriend te zijn of om een betekenisvolle relatie te hebben. Het is wel belangrijk dat je met je specifieke behoeften naar de juiste persoon gaat. Je praktische vriend is misschien de aangewezen persoon tijdens een crisis, maar misschien niet wanneer je eerder een luisterend oor nodig hebt dan iemand die een probleem voor je oplost.

Het is belangrijk dat je zoveel van jezelf laat zien dat de mensen die je in je leven toelaat, je kunnen zien en begrijpen. Als je verlegen van aard bent, vind je dit misschien heel lastig. De enige manier waarop mensen weten of je 'hun type' bent, is als je hun een beetje kwetsbaarheid laat zien. Ik wil daarmee niet zeggen dat je bij elke eerste ontmoeting je hele levensverhaal moet vertellen, maar we voelen ons allemaal aangetrokken tot degenen die emotioneel vertrouwen tonen.

Het vriendschapswiel

Het is belangrijk om vriendschappen en hun balans in verschillende periodes te evalueren. Je moet voor jezelf zorgen en zelf bepalen hoeveel ruimte een vriendschap in je leven mag innemen.

Het vriendschapswiel zal je een paar dingen duidelijk maken. Ten eerste, heb je te veel vrienden die meer energie slurpen dan geven? Zo ja, hoe kun je deze laten gaan? Dit is misschien een van de moeilijkste dingen om te doen, want het vereist een combinatie van eerlijkheid en vriendelijkheid. Als een van je vrienden meer energie neemt dan geeft, moet je hem of haar uit je leven verwijderen. Ik heb dergelijke mensen brieven geschreven waarin ik eerlijk heb uitgelegd: 'Ik heb het gevoel dat je nu bij mensen moet zijn die je iets kunnen geven wat ik je niet kan geven.'

Ten tweede, voel je je een beetje eenzaam? Dit is misschien moeilijk om toe te geven, en het is fundamenteel iets anders dan je alleen voelen. Eenzaamheid kan door veel dingen worden verholpen. Een belangrijk element hierbij is dat jij je allereerst afvraagt of je genoeg van jezelf houdt? Het andere element is dat je je afvraagt of je meer vrienden in je leven zou willen. Hoe pak je dat aan? Er zijn veel toegankelijke plekken om vriendschappen te ontwikkelen. Ik noem hier de Trinny Tribe-groep op Facebook; dit is een community die samenkomt rondom de algemene overtuiging dat het voor hen een veilige plek is om de vrouw te zijn die ze willen zijn, en niet de vrouw die hun partners, kinderen, moeders, broers en zussen of vrienden willen dat ze zijn. Het is mogelijk dat jij je bij degenen die al in je leven zijn, eenzaam en niet jezelf voelt, en al helemaal niet de persoon die je wilt zijn. Er kunnen ook verplichtingen zijn uit een gedeeld verleden. Kijk eens rond en beschouw het als een gelegenheid om te voelen hoe het is om de persoon te zijn die je stiekem altijd al wilde zijn.

Gebruik het diagram om in actie te komen. Als je pijlen langs de lijn zou trekken, stroomt de energie dan in slechts één richting of in twee richtingen? Alle pijlen die alleen van je af wijzen, duiden op een relatie die je niet langer geeft wat je nodig hebt. Je kunt het diagram ook gebruiken om je af te vragen wat we zelf bijdragen aan de relatie.

School- en studievrienden. Ze hebben sterke meningen over zichzelf en jou.

Vrienden die wel van een feestje houden.

Jeugd-vrienden. Jullie hebben veel gemeenschappelijke herinneringen, maar jullie levens zijn nu heel anders.

Vrienden die ouder zijn dan jij.

Vrienden die luisteren en tijd aan jou besteden.

Vrienden die zichzelf nooit helpen en nooit zelfstandig zullen worden.

Vrienden die je altijd en overal kunt zien, zonder veel moeite.

Ik

Vrienden die je op het schoolplein ontmoet. Ooit heel belangrijk, maar zijn ze dat nu ook nog?

Vrienden die niet snel reageren en bij wie jij altijd het initiatief moet nemen.

Vrienden die voortdurend omringd worden door drama.

Vrienden die jonger zijn dan jij.

Vrienden vanwege familie-verplichtingen, met wie je contact houdt ook al hebben jullie niks gemeen-schappelijk.

Vrienden die al een glimlach op je lippen brengen als je hun nummer ziet.

Vrienden die zich altijd superaardig voordoen, maar ondertussen voortdurend kritiek uiten en vaak 'je zou eigenlijk' zeggen.

DURF MET STIJL

BEAUTY

GOEDE HUIDVERZORGING

IS FUNDAMENTEEL

Huid-
verzorging

Als je voor je huid zorgt, zorg je voor jezelf.

Als we in de spiegel kijken, willen we allemaal de beste versie van onszelf zien. Zien we een vermoeide, doffe teint, dan voelen we ons ook vermoeid. Als je het leven en de gloed in je gezicht naar voren brengt, volgt de rest vanzelf.

Natuurlijk zijn er een aantal dingen waar geen enkel product tegen opgewassen is. Diepe fronsrimpels kun je met geen mogelijkheid verwijderen met een potje of tube. Maar je kunt aan je gezicht sleutelen wat je wilt, als je niet reinigt, exfolieert en consistent en correct hydrateert, krijg je nooit een frisse en gezonde huid. Zelfs met de beste make-up ter wereld is het niet mogelijk om een huid te verbergen die niet goed wordt verzorgd.

Je huid verandert naarmate je ouder wordt. Dat betekent dat jij je huidverzorging daarop moet aanpassen. Vanaf mijn dertiende tot mijn dertigste heb ik chronische cystische acne gehad. Die verbeterde alleen met Roaccutane, een voorgeschreven medicijn. Vanaf dat moment heb ik mijn huid nooit meer als vanzelfsprekend beschouwd. Tijdens mijn zwangerschap, begin veertig, kreeg ik hyperpigmentatie, en later, halverwege de veertig, kwam de acne weer terug in een vroeg stadium van mijn menopauze.

Een goede huidverzorgingsroutine is een positieve, bewustmakende bezigheid. Ik wil de mythe rondom huidverzorging ontrafelen en je een begrijpelijke ochtend- en avondroutine geven. Zo kun jij je uiterlijk en hoe jij je over je huid - en dus jezelf - voelt veranderen.

Gebruik producten die zijn afgestemd op jouw behoeften, niet op die van je vrienden

VOEL JE GEÏNSPIREERD

In dit hoofdstuk wil ik dat je nadenkt over hoe je je huid nu ervaart

Focus je op maximaal twee huidverzorgings-doelen tegelijk. Je kunt niet alles tegelijk aanpakken. Zo vermijd je overbelasting van je huid en zie je beter wanneer een nieuwe routine resultaten oplevert.

Onze huid is een weerspiegeling van hoe we ons voelen en wat er in ons leven speelt. Het kan onze moeilijkste momenten en onze grootste vreugden laten zien.

Voortdurende stress van het dagelijks leven, werk, gezin, gebrek aan slaap en slechte voeding kunnen de manier veranderen waarop onze huidgenen functioneren. Deze stressfactoren hebben het vermogen om de genen te activeren die onze huidproblemen verergeren, ontstekingen bevorderen en veroudering versnellen.

We hebben niet altijd controle over wat er in ons leven gebeurt, maar we kunnen de impact die stress op onze huid heeft wel resetten. Door huidverzorgingsproducten met de juiste ingrediënten te kiezen, kun je het effect daarvan op je huid beïnvloeden en de kwaliteit van je huid op de lange termijn verbeteren.

Ik heb gedurende de afgelopen 25 jaar honderden huidverzorgingsexperts geïnterviewd, duizenden huidverzorgingsproducten geprobeerd en duizenden vrouwen gesproken. Ik heb geleerd dat het belangrijk is om naar je huid te luisteren, want naarmate je ouder wordt, moet je weten wat het leven met je huid doet en daarnaar handelen.

Huid-verzorging decoderen

Huidverzorgingstrends komen en gaan, net als in de mode. De grote beautymerken besteden enorme marketingbudgetten aan de promotie van hun producten (iets wat ik, als oprichter van een start-up-beautymerk, maar al te goed weet!). De keuze aan producten is enorm.

Daarom denk ik dat het de moeite waard is om jezelf te informeren over de belangrijkste actieve ingrediënten in huidverzorgingsproducten. Dit is echt noodzakelijk en deze kennis zal je helpen goede beslissingen te nemen en geen geld te verspillen aan iets wat er mooi uitziet en heerlijk ruikt, maar in feite weinig voorstelt.

Stel jezelf altijd eerst en vooral de volgende vraag: wat wil je dat de producten die je op je huid aanbrengt voor je doen? Misschien is een droge huid je grootste ergernis, of heb je het gevoel dat je teint dof is. Misschien heb je last van gerstekorrels of acne. Maak een plan om jouw specifieke huidproblemen aan te pakken.

Daarbij is het essentieel dat je iets weet van actieve ingrediënten. Je huidverzorgingsroutine moet bestaan uit een klein aantal producten van goede kwaliteit die in combinatie met elkaar de voor jou beste resultaten opleveren, zonder allerlei dingen die je niet nodig hebt. Het is belangrijk om overbelasting van je huid te voorkomen en de natuurlijke oliën te behouden.

Er zit veel complexe wetenschap achter huidverzorging. Vanaf het moment dat ik over huidverzorging ben gaan leren, op mijn twintigste, hebben formules een lange weg afgelegd. Het belangrijkste is niet het merk dat je koopt, maar wat de formules precies betekenen en hoe die ingrediënten samenwerken.

Het draait allemaal om de ingrediënten

De essentiële producten

Hier volgt een overzicht van de elementen die volgens mij essentieel zijn voor een geweldige huid. Meer informatie over alle producten en de onderverdeling van mogelijke ingrediënten vind je aan het einde van dit deel (zie blz. 138-151).

1 Een reiniger

Ik raad een reinigende balsem aan om de make-up en het vuil van je huid te verwijderen. Je kunt in een paar verschillende soorten investeren die specifiek zijn ontwikkeld voor bepaalde probleemgebieden, of dezelfde gebruiken. 's Avonds moet je je huid altijd twee keer reinigen.

2 Een exfoliërend zuur

Je hebt AHA's (Alpha Hydroxy Acids), BHA's (Beta Hydroxy Acids) en PHA's (Poly Hydroxy Acids). Zij helpen de dode huidcellen verwijderen die de oorzaak zijn van een doffe en droog aanvoelende huid.

3 Vitamine C-serum

Dit is een essentieel onderdeel van elke goede ochtendroutine.

4 Een retinoïdeserum

Dit is een essentieel onderdeel van elke goede avondroutine.

5 Vochtinbrengende crème

Zoek een vochtinbrengende crème die geschikt is voor jouw huidtype (zie blz. 16).

6 SPF 30 of 50

Ongeacht het weer of je leeftijd zou je je gezicht elke dag moeten beschermen met een SPF van minimaal 30, maar idealiter 50. Dit maakt een enorm verschil voor hoe je huid zal verouderen, aangezien huidveroudering grotendeels is te wijten aan schade door de zon.

Het is tijd om de feiten onder ogen te zien

Grote hormonale veranderingen, zoals de puberteit, zwangerschappen en de menopauze, zijn zichtbaar op onze huid. Er zullen ook subtiele veranderingen zijn. Onze prioriteiten en huidverzorgingsdoelen veranderen als we merken dat we een nieuwe fase zijn ingegaan. Het is belangrijk om ook levensstijlproblemen aan te pakken, zoals stress, omdat dit een grote invloed heeft op onze huid. Houd rekening met ongeveer twee maanden voordat je echte resultaten kunt verwachten. Wees gewoon geduldig met de juiste actieve ingrediënten.

De twintiger jaren

Ik hoop echt dat je rond deze leeftijd niet langer het gevoel hebt dat je huid is overgeleverd aan je hormonen, zoals ik, die tot begin dertig nog last had van acne. Als je nog niet zover bent, zoek dan uit welk huidtype je hebt (zie blz. 16). De te volgen stappen zijn dan:

1 Milde reiniging.

2 Gebruik twee tot drie keer per week een exfoliant.

3 Zoek een goede vochtinbrengende crème die bij je huidtype past.

4 Draag de hoogst mogelijke SPF – minimaal 30, maar idealiter 50.

De dertiger jaren

Misschien begin je te merken dat de elastine- en collageenniveaus afnemen. Vanaf halverwege de twintig verliezen we jaarlijks 1% collageen. Dit is het decennium waarin je 's ochtends vitamine C gaat gebruiken en 's nachts een milde retinoïde. De vitamine C helpt schade door de zon voorkomen en verminderen, die zichtbaar zal worden naarmate je ouder wordt. Het is ook een goede strategie om 's nachts een mild retinoïdeserum te gebruiken. Misschien heb je kinderen gekregen en wil je problemen als hyperpigmentatie of acne, veroorzaakt door de zwangerschap, aanpakken. Laat je overigens bij het zien van je eerste rimpeltje niet gek maken door de nieuwste behandeling die je hebt gezien op Instagram of TikTok.

De veertiger jaren

Velen van ons merken dat we niet meer zo snel recupereren van een nachtje doorzakken, te veel alcohol of een paar dagen minder gezonde voeding. Ze verschijnen op ons gezicht in de vorm van diepere lijnen, een uitgedroogde huid en wallen onder de ogen, en onze huid begint haar elasticiteit te verliezen. Wanneer dit gebeurt, moeten we de lat wat hoger leggen wat de actieve ingrediënten in onze huidverzorgingsproducten betreft. Misschien wil je wat peptiden of hyaluronzuur aan je verzorgingsroutine toevoegen om de elasticiteit van je huid te verbeteren. Of misschien wordt het tijd voor een hogere dosering vitamine C of sterkere retinoïden. Leefstijlfactoren worden nu steeds belangrijker. Het klinkt eenvoudig, maar zorg ervoor dat je voldoende water drinkt, voldoende vitaminen binnenkrijgt en voldoende slaapt. Het is ook tijd om meer aandacht aan je hals te besteden. En vergeet de SPF niet.

De vijftiger jaren

De meesten van ons zullen merken dat onze huid dunner en iets droger wordt. Die sterke actieve ingrediënten die onze huid in onze dertiger en veertiger jaren goed kon verdragen, beginnen nu mogelijk te irriteren. De kernroutine zou nu als volgt moeten zijn: vitamine C in de ochtend om de collageenproductie te stimuleren en retinoïde in de avond. Voed je huid 's avonds met een voedende vochtinbrengende crème die ceramiden en/of peptiden bevat. Omarm de zuurstofrijke, doorbloeding verbeterende voordelen van een gezichtsmassage en vergeet ook de handen niet. Sommigen van ons kabbelen rustig door de menopauze heen; bij anderen raakt het hele systeem van slag. Als je hierdoor je huidverzorgingsroutine moet herzien, breng dan langzaam kleine veranderingen aan. Eenmaal in de menopauze neemt collageenverlies toe tot 2% per jaar. Stel je voor dat je hoofdkussen elk jaar 2% van zijn veren verliest. Vergeet trouwens de SPF niet.

Je levensstijl heeft invloed op je huid

De zestiger jaren

Inmiddels ben je 50% van je collageen kwijt, dus waarschijnlijk merk je aan je huidstructuur een vermindering van stevigheid op. Het is belangrijk dat je op je levensstijl en huidverzorging blijft letten om je glans te behouden. Doe lichte gezichts-oefeningen om van binnenuit wat kleur op je gezicht te krijgen. Een uitgedroogde huid ziet er rimpeliger uit, dus hydrateer vanbinnen en vanbuiten door veel water te drinken en een sterkere vochtinbrengende crème te zoeken die huidverzorgende ceramiden, hyaluronzuur en peptiden bevat. Gebrek aan oestrogeen kan leiden tot slapeloosheid, dus zorg voor een goede slaaproutine. Je moe voelen en er moe uitzien is je vijand, dus concentreer je op de dingen waardoor jij en je huid er energiek uitzien. En vergeet de SPF niet.

De zeventiger jaren en daarna

Het is belangrijk om je huid op elke leeftijd te respecteren en te verwennen, maar vooral in deze fase van ons leven. Gebruik zachte bewegingen wanneer je je huid reinigt, masseert of crèmes en serums op je huid aanbrengt, vooral rond je ogen. Balsems en rijke lotions voelen nu luxueus aan in plaats van overdadig. Ceramiden, lichte squalaanolie en hyaluronzuur hydrateren en zullen je huid rehydrateren en herstellen. Voed je huid en bescherm deze tegen de elementen. En vergeet de SPF niet.

De gemiddelde huidcyclus is **28 dagen**. In je twintiger jaren is dat **21 dagen** en in je vijftiger jaren **45 dagen**. Het duurt **drie huidcycli** voordat je resultaten ziet

VRAAG JEZELF AF:

1 Ken jij je huidtype (zie blz. 16)?

2 Wat zijn jouw grootste huidproblemen?

3 Weet jij welke ingrediënten het meest effectief zijn bij de aanpak van jouw huiddoelstellingen?

4 Heb je een consistente ochtend- en avondroutine voor je huidverzorging?

DAAG JEZELF UIT

1 Als het je echt alleen maar lukt om te reinigen en te hydrateren, begin dan met het verbeteren van je routine door eerst twee tot drie keer per week een zachte exfoliant te gebruiken.

2 Elke ochtend vitamine C aanbrengen is een van de beste dingen die je voor je huid kunt doen. Er zijn voor alle budgetten geweldige producten beschikbaar, dus daag jezelf uit om er een te vinden die bij je past.

3 Als je al eeuwen dezelfde producten gebruikt en niet weet of ze wel de juiste zijn voor je huid, kijk dan naar wat wel en niet werkt.

4 Als je een beetje bent doorgeschoten in je avondroutine door zo'n zeven tot acht verschillende producten aan te brengen, schakel dan over op mijn voorgestelde routine op blz. 116.

Je ochtend- routine

Mij wordt dikwijls gevraagd waaruit een huidverzorgingsroutine zou moeten bestaan. Daarom vind je hier een basisroutine om je op weg te helpen. Bedenk welke ingrediënten het meest voor jou doen, zodat je deze routine aan jouw huid kunt aanpassen.

Wat betreft de volgorde waarin je deze producten tijdens je ochtend- of avondroutine gebruikt, is de algemene regel dat je als je laagjes opbrengt qua textuur opbouwt van licht naar zwaar. Breng eerst de lichtste producten aan, zodat de volgende producten kunnen worden opgenomen.

Sommigen van jullie douchen 's ochtends alleen, terwijl anderen er bijna een rituele ochtendroutine op na houden. Maar zoals bij veel dingen, zitten de meeste mensen daar ergens tussenin. Ik zou je willen vragen om elke dag in elk geval de volgende handelingen uit te voeren. Reinig je huid en bereid deze goed voor. 's Nachts geeft je huid gifstoffen af en die zitten op je huid, soms zichtbaar als een dun laagje. Dit laagje bevat wat olie en dat verwijder je niet met alleen een beetje water. Door een goede reiniging creëer je een perfect oppervlak zodat je huidverzorgingsproducten goed hun werk kunnen doen. Met een goede reiniging kom je een heel eind.

De rest van deze ochtendroutine hangt af van wat je precies wilt aanpakken, maar je moet altijd eindigen met een SPF van minimaal 30, idealiter 50. 90% van onze huidveroudering wordt veroorzaakt door zonlicht. Breng dus altijd een zonbescherming aan op de huid.

Fase 1: **Reinigen**

Eén keer reinigen is voldoende omdat je huid 's nachts niet wordt blootgesteld aan alle nare dingen die in de loop van een dag wel op zijn pad komen. Als je een normale tot droge huid hebt, raad ik je een reinigingsbalsem aan die je even in je huid masseert en vervolgens afneemt met een warme vochtige doek. Als je een normale tot vettige huid hebt, kies dan een gelreiniger met een zachte zuurwaarde.

Fase 2: **PHA exfoliëren**

Dit hoeft niet iedereen te doen, maar je kunt 's ochtends een PHA gebruiken. Dit is veel effectiever dan een toner.

Fase 3: **Vitamine C-serum**

's Ochtends heeft je huid een vitamine C-serum nodig om de schade te helpen bestrijden die overdag wordt toegebracht.

Fase 4: **Vochtinbrengende crème**

Veel mensen beschouwen een vochtinbrengende crème als het belangrijkste element van hun routine. Zoek een vochtinbrengende crème die bij je huidtype past. Vochtinbrengende crèmes beschermen je huidbarrière en zorgen voor een goede hydratatie. Vochtinbrengende crèmes zijn heel persoonlijk; kies er dus een die goed intrekt zodat je huid niet droog aanvoelt.

Fase 5: **SPF 30 of 50**

SPF's hebben een lange weg afgelegd; er zijn tal van geweldige formules met een SPF 30 of 50 die toch gewichtloos aanvoelen. Zorg dat je een breed spectrum SPF met UVA- (veroudering) en UVB-bescherming (verbranding) kiest, en idealiter met bescherming tegen blauw licht (om je te beschermen tegen het licht van beeldschermen). Je moet er meer van gebruiken dan van je vochtinbrengende crème om de SPF te laten werken. Hanteer het equivalent van een kwart theelepel voor je gezicht en een halve theelepel voor gezicht en hals.

Je avond-routine

Je avondroutine bestaat uit meer stappen omdat de meesten van ons 's avonds meer tijd hebben. Probeer je huidverzorgingsroutine echter niet te zien als een klusje, iets wat aan het einde van een lange dag tussen jou en een welverdiende nachtrust staat. Zie het als een moment voor jezelf. Neem de tijd om je gezicht te masseren, laat de stress van de dag los en bereid je hoofd voor op de slaap.

Fase 1: **Dubbele reiniging**

Reinigingsbalsems zijn op olie gebaseerd en olie trekt olie
aan. Begin daarom met een reinigingsbalsem om make-up
en het vuil van de dag te verwijderen. Veeg af met een
doekje of washandje en warm water en gebruik daarna een
reinigingsgel om eventuele restjes reinigingsbalsem te
verwijderen en je gezichtsreiniging tot in de poriën door te
laten dringen. Een grondige, maar vriendelijke reiniging van
je huid is de basis van een goede huidverzorgingsroutine.
Wees gerust, de dubbele reiniging kost weinig extra tijd en
het is de moeite absoluut waard. Je kunt ook hetzelfde
product twee keer gebruiken als je dat liever hebt. Was je
gezicht niet met te heet water. Dat klinkt misschien voor de
hand liggend, maar dit belast je huid en droogt je huid uit.
Let hier vooral op als je last hebt van rosacea.

Fase 2: **Exfoliëren per huidtype**

Exfoliëren betekende vroeger het gebruik van een korrelige
exfoliant, die alleen de bovenste laag van je huid aanpakte. Ik
heb het hier over een vloeibare exfoliant, die blijft zitten en
gebaseerd is op wat het beste is voor jouw huidtype (zie blz.
16). Je verwijdert hiermee eventuele dode huidcellen en het
is essentieel voor een heldere teint. Het maakt je huid ook
klaar voor de producten die volgen.

Fase 3: **Serum voor huidproblemen**

Kijk nu naar retinoïden en hoe je deze aan je routine
kunt toevoegen. Kies er een die specifiek is voor jouw
huidproblemen (zie blz. 124).

Fase 4: **Vochtinbrengende crème (optioneel)**

Ik gebruik 's nachts geen echt zware crème of gezichtsolie
omdat ik denk dat onze huid tijd nodig heeft om te ademen.
Maar als je het gevoel hebt dat je huid het nodig heeft, voeg
deze stap dan toe. Ik raad een heel lichte formule aan die
gemakkelijk kan doordringen; breng liever geen te zware
producten aan. 's Nachts is het beste moment voor je huid
om zich te ontdoen van gifstoffen en zich te herstellen.

Verkeerde vrienden

Hier volgen een paar schoonheidsproducten die volgens mij je tijd en geld niet waard zijn.

Micellair water: als je ergens bent waar je niet goed kunt reinigen, kun je met micellair water wel de meeste make-up verwijderen, maar je huid niet ontdoen van alle gifstoffen van de dag en SPF. Natuurlijk zie je veel make-up op het wattenschijfje, maar je komt niet in de buurt van de diepe reiniging die je huid eigenlijk nodig heeft.

Gezichtsdoekjes: nog zo'n product voor 'alleen in noodgevallen'. Niet alleen verdeel je met gezichtsdoekjes veel van het vuil over je gezicht en verwijder je slechts een kleine hoeveelheid vuil, maar ze zijn ook nog eens slecht voor het milieu.

Collageencrèmes: collageenmoleculen zijn erg groot. Ze dringen niet door de cellen van je huidbarrière heen. Je kunt peptiden en vitamine C gebruiken ter ondersteuning van de aanmaak van collageen en je kunt collageen in de vorm van supplementen slikken. Maar een crème of serum is niet effectief.

Poriënstrips: ik weet het, het idee om je poriën met één flinke ruk schoon te maken, klinkt verleidelijk. Maar de voldoening op korte termijn gaat ten koste van de langetermijnresultaten. De meeste peel-off poriënmaskers en extractors zijn trucjes en kunnen zelfs schade veroorzaken. Alles waarbij je in je huid moet prikken, aan je huid moet trekken of rukken, betekent doorgaans weinig goeds. Het kan leiden tot ontstekingen, roodheid en zelfs kapotte bloedvaten. Om schade te voorkomen, is het veel beter om elke paar maanden extracties uit te laten voeren door een professional.

De extra's

Ik houd van hulpmiddeltjes. Ze voegen iets extra's toe aan een huidverzorgingsroutine. Sommige gebruik ik maar één keer, andere gebruik ik wekenlang elke dag en er zijn ook weken dat ik er helemaal geen gebruik. Wanneer ik iets consequent gebruik, merk ik dat ik mijn huid naar een hoger niveau til - iets tussen een huidverzorgingsroutine en een professionele behandeling in.

Vaak is een tool een grotere investering. Als je iemand bent die al moeite heeft met de basishuidverzorgingsroutine is een tool niks voor jou. Investeer niet in iets wat je waarschijnlijk niet gaat gebruiken. Probeer eerst het volgende:

Gezichtsmassage met je vingers

Ik begin met een gratis tool. Dit kunnen jullie allemaal. Gezichtsmassage werkt echt, maar alleen als je het consequent doet.

Het zet je lymfesysteem aan het werk en het is perfect voor iedereen die last heeft van wallen. Misschien dat je erg plat slaapt of voor het slapengaan pittige dingen eet. Het eerste wat je dan moet doen, is je lymfesysteem activeren. Dit is geweldig om je huid van zuurstof te voorzien. Je huid wordt eerst wat rood, maar dat zal snel verdwijnen.

Stap 1: De lymfeklieren bevinden zich rond je oorlellen. Maak kleine cirkelvormige bewegingen rond de voor- en achterkant van je oorlellen. Doe dit heel voorzichtig gedurende 2 minuten.

Stap 2: Begin altijd eerst aan één kant en houd je vingers voortdurend in contact met je huid. Beweeg drie vingers voorzichtig omhoog naar de voorkant van je oorlel en omlaag naar je nek, helemaal tot aan je sleutelbeen; herhaal dat proces. Maak ritmische bewegingen en doe dit twintig keer. Zo verplaats je de gifstoffen die de wallen in je gezicht veroorzaken. Je gezicht voelt zich nu wakker.

Stap 3: Ga nu naar het gebied rondom je ogen, maar je moet stap 2 voltooien om de voordelen te kunnen zien. Als je lymfe is geblokkeerd, kunnen de wallen onder je ogen geen kant op. Deze stap duurt veel minder lang. Ga naar de binnenste ooghoek en druk met twee wijsvingers zachtjes op de buitenkant van je neus. Verminder de druk van je vingers, maar houd ze tegen de huid, beweeg ze langzaam tot onder je oog en druk nogmaals. Herhaal dit tot je bij de buitenste hoek bent.

Stap 4: Nu ga je de middelvinger van je ene hand en de ringvinger en middelvinger van je andere hand gebruiken. Maak hiermee een schaarbeweging die wrijving veroorzaakt. Begin op je voorhoofd. Eigenlijk trek je je huid voortdurend in tegengestelde richtingen. Voer deze beweging ongeveer een minuut uit en ga daarbij van boven naar beneden en van links naar rechts.

Stap 5: Masseer tot slot ook andere gebieden, zoals je wangen.

Vocale gezichtsmassage

Met dit deel van je routine train je de verschillende spieren in je gezicht en hals en verbeter je de elasticiteit en structuur van je huid. Als je dit goed doet, voel je de volgende dag een bevredigende pijn in je gezicht, vergelijkbaar met de spierpijn in je ledematen wanneer je naar de sportschool bent geweest.

Je gaat hardop alle klinkers van het alfabet uitspreken (luidruchtige routine), dus AEIOU. Ik ga verder dan mijn grootmoeder me leerde en doe tien A's, tien E's, tien I's, tien O's en ten slotte tien U's. Overdrijf bij de vorming van elke letter, zodat je bij elke klinker de verschillende spieren in je gezicht en nek voelt.

De A: Deze werkt op je hals. Als je de A laat klinken, duw je je tong naar de achterkant van je keel en activeer je de twee lange spieren van je hals. Dit zijn de spieren die worden verwaarloosd naarmate we ouder worden.

De E: Hiermee train je je kaakspieren. Trek je mond naar achter terwijl je het geluid maakt. Je wilt de spieren strekken in een mix van kortere en langere bewegingen.

De I: Die moet uit je buik komen en bijna aanvoelen alsof je pijn hebt. Je wilt dat je partner je hoort schreeuwen en zich afvraagt of je ruzie hebt!

De O: Deze komt niet uit je borst maar uit je buik. Trek je buik in terwijl je dit geluid maakt.

De U: Span je bekkenbodemspieren aan terwijl je dit geluid maakt. Het moet bijna voelen alsof je je spieren beschermt door ze naar binnen te trekken.

Doe deze oefening tien keer. Ik adviseer je om ze in de privacy van je eigen huis te doen, ook al sta ik erom bekend dat ik ze ook in het vliegtuig doe. Het zorgt voor een ongelooflijke ontlading. Ik zou willen dat ik er elke dag aan dacht om deze oefening te doen.

Guasha

Als je je handen niet wilt gebruiken voor de lymfatische gezichtsmassage, probeer dan guasha. Die is gebaseerd op een oude Chinese herstellende techniek waardoor de doorbloeding en lymfedrainage worden gestimuleerd met behulp van een gebogen tool, gemaakt van steen zoals jade, rozenkwarts of amethist. Je voert met dit hulpmiddel een lichte druk uit waarbij je zowel korte als lange bewegingen maakt. Net als met de vingermassage wil je hiermee je lymfestelsel activeren. Breng eerst een serum of gezichtsolie aan en gebruik het hulpmiddel dan op je gezicht en hals. Doe dit bij voorkeur dagelijks of zo'n twee tot drie keer per week. De routine kost je slechts vijf minuten van je tijd en het verschil is snel zichtbaar. Duw de steen nooit te hard op je huid! Het is normaal dat je huid rood wordt na gebruik van de guasha, maar pijnlijk mag de massage niet zijn.

Microneedling

Misschien vind je het een eng idee, maar het is een ongelooflijk efficiënte behandeling bij littekens, pigmentvlekken, slapper wordende huid en fijne lijntjes. Een professionele behandeling in een kliniek heeft meer impact dan wanneer je het zelf doet, omdat de naalden dieper in je huid gaan. Ik adviseer om voor een thuisbehandeling een roller te gebruiken met naalden van maximaal 0,5 millimeter diep. Je rolt de roller over je huid waardoor je microkanaaltjes creëert zodat het product dat je aanbrengt diep wordt geabsorbeerd. Dit stimuleert ook de huid en bevordert het herstel van collageen en elastine. Dit doe ik een of twee keer per week.

Thuis microneedling toepassen:

- Rollen worden geleverd met naalden in verschillende diameters. Als het de eerste keer is dat je microneedling doet, begin dan met naalden van 0,5 mm en lichte bewegingen.

- Vergeet niet om de rollerkoppen na ongeveer tien keer gebruiken te vervangen, want de naalden worden bot en zijn dan niet meer effectief.

- Reinig de rollerkop na gebruik.

- Zorg ervoor dat de huid vooraf goed gereinigd is.

- Vermijd de gevoelige zone rond de ogen.

- Na deze behandeling breng je bij voorkeur een niet-irriterend serum aan, zoals een hyaluronzuur of peptide. Vermijd geparfumeerde producten.

Deze tool is niet geschikt voor mensen met een gevoelige huid, acne, eczeem of rosacea. Je kunt de roller wel gebruiken ter behandeling van acnelittekens. Vraag altijd het advies van een dermatoloog of begin met een behandeling in een schoonheidssalon.

Veelvoorkomende huidproblemen

Laten we dit vanuit een andere hoek bekijken. Wat kun jij doen om specifieke huidproblemen te lijf te gaan?

Als je een droge huid hebt

Het eerste wat ik altijd vraag aan vrouwen die me vertellen dat ze een droge huid hebben is: heb je een droge huid of een vochtarme huid? Een droge huid heeft van nature gebrek aan olie. Je huid hydrateert zichzelf niet van binnenuit. Als je een droge huid hebt, heb je die waarschijnlijk je hele leven al, of is deze ontstaan na een hormonale verandering zoals de menopauze.

Een vochtarme huid is een huid die een tekort aan water heeft. Het wordt veroorzaakt door externe factoren zoals onvoldoende water drinken, wassen met te heet water, het gebruik van agressieve huidverzorgingsproducten die de oliën verwijderen, of omgevingsfactoren, zoals centrale verwarming of te lang in een warm, winderig klimaat.

Je kunt dit testen door eerst drie dagen geen thee en koffie meer te drinken en zo veel mogelijk water te drinken - tot drie liter. Als je huid op de vierde dag minder strak aanvoelt, dan is uitdroging zeker een deel van het probleem. Mensen met een droge huid denken vaak dat ze met de juiste vochtinbrengende crème het hele probleem kunnen oplossen. Ze zien het belang van peeling niet. Er ontstaat namelijk een opeenhoping van dode huidcellen waardoor je gezicht dof en ruw aanvoelt. Bovendien voorkomen de dode huidcellen dat het serum en de vochtinbrengende crème goed door de huid wordt opgenomen. Bij een goede exfoliatie voel je de energie en levendigheid van je huid terugkomen.

- AHA's (worden langzaam geabsorbeerd) of PHA's als je een gevoelige huid hebt
- Ceramiden
- Hyaluronzuur

Als je een vette huid hebt

Bij sommige mensen produceren de talgklieren te veel talg - de natuurlijke oliën die onze huid zacht en comfortabel houden - wat resulteert in een glimmende huid, vooral rond de T-zone, tot een vette huid. Dit is een omgeving waarin bacteriën goed gedijen en je puistjes kunt krijgen. Het is echter niet alleen maar kommer en kwel. Als je een vette huid hebt, is de kans groot dat je minder snel last hebt van fijne lijntjes en rimpels, omdat je huid niet zo snel uitdroogt.

Hormonen kunnen veel invloed hebben op een vette huid (en acne). Daarom wordt acne vaak geassocieerd met onze tienerjaren. Je kunt echter ook last van puistjes krijgen rond de menopauze, wanneer onze hormoonspiegels weer veranderen. Ook ons voedingspatroon heeft invloed op de talgproductie en deze kan worden getriggerd door specifiek voedsel. Als je veel last hebt van acne zou je een voedingsdagboek kunnen bijhouden om inzicht te krijgen in wat je eet. Een heet en vochtig klimaat kan meespelen en ook stress kan van invloed zijn.

Je zoekt dus producten die de talgproductie normaliseren zodat je straalt in plaats van glimt. Het spreekt waarschijnlijk voor zich, maar het belangrijkste is dat je geen extra olie aan je gezicht toevoegt. Je moet het vooral zoeken in de gels. Het is een mythe dat je niet hoeft te hydrateren als je een vette huid hebt. Een vette huid kan nog steeds te weinig vocht krijgen. Zoek een licht product, zoals een hyaluronzuur.

- Salicylzuur (een BHA – wees in het begin voorzichtig als je een gevoelige huid hebt)

- Niacinamide

- Hyaluronzuur

Als je een gemengde huid hebt

Bij een gemengde huid heb je te veel vet in de T-zone, maar voelen je wangen vaak droog en strak aan. Het is heel gewoon, maar het kan lastig zijn om ermee om te gaan. Soms heb je het gevoel dat je voortdurend je routine moet veranderen om een goede balans te vinden. De juiste reiniger die de olie niet verwijdert maar alleen de poriën reinigt is belangrijk. Het is prima om AHA's te gebruiken om de olieachtigere gebieden aan te pakken en verstopte poriën tegen te gaan, maar gebruik over je hele gezicht een vochtinbrengende crème.

- AHA's

- Vitamine C – hoewel in het begin voorzichtig en niet elke dag

- Hyaluronzuur

Als je een gevoelige huid hebt

Veel dingen vallen onder de paraplu 'gevoelige huid', dus ook hier is het belangrijk erachter te komen wat je precies bedoelt met 'gevoelig'? Wordt je huid rood? Heb je last van rosacea (zie verder), jeuk, huiduitslag, een pijnlijke en trekkerige huid? Veel vrouwen hebben het gevoel dat hormonen en periodes van stress huidproblemen verergeren. Het is belangrijk dat je echt naar je huid leert luisteren om erachter te komen of er iets is wat irritatie veroorzaakt. Misschien wil je terug naar de basis met een cleanser en vochtinbrengende crème waar je baat bij hebt, of houd jij je liever aan je routine en introduceer je een voor een iets extra's, zoals een serum. Het blijft belangrijk om je huid te exfoliëren op een manier die bij je past zodat je nieuwe huid zichtbaar wordt.

- PHA's
- Ceramiden
- Peptiden
- Azelaïnezuur

Als je acne hebt

Puistjes ontstaan wanneer een porie verstopt zit met talg en dode huidcellen. Er kunnen zich zo bacteriën ontwikkelen die ontstekingen veroorzaken. Dit kan worden behandeld en vaak worden voorkomen met moderne huidverzorging. Acne is echter een huidaandoening die is gekoppeld aan hormonen. Met agressieve producten vererger je de conditie van je huid. Je huid heeft vooral liefde en rust nodig. We produceren allemaal talg en we hebben een microbioom van gisten en goede bacteriën op ons gezicht. Dat evenwicht willen we niet verstoren. Probeer eerst de ontsteking te kalmeren, want dan kun je de retinoïden, BHA's en niacinamide, die op lange termijn helpen, beter verdragen. Begin bij de basis en reinig altijd twee keer. Neem een productpauze en gebruik een paar dagen een lichte, niet op olie gebaseerde vochtinbrengende crème.

Wat je verder nog kunt doen, is regelmatig je kussensloop verschonen, je haar naar achteren binden voor je gaat slapen en suikers vermijden. En als je rugacne hebt, moet je erop letten dat je achtergebleven shampoo/conditioner goed van je huid spoelt.

Als je je echt geen raad meer weet, zoek dan medisch advies. Ik heb het allemaal meegemaakt en er zijn dingen die je kunt doen.

- Glycolzuur of salicylzuur

- Retinoïden

- Vochtinbrengers

- Niacinamide

- Geneesmiddelen op recept (bijv. Roaccutane)

Veel mensen hebben last van kleine witte of vleeskleurige 'melkvlekjes' onder de huid, milia. In plaats van pus, zoals bij een puistje, bevatten ze een opbouw van keratine, een eiwit. Knijp ze zeker niet uit (vooral niet rond de ogen) maar zorg er liever voor dat je dubbel reinigt, exfolieert op een manier die ook goed is voor de rest van je huid en een retinoïde gebruikt (nogmaals, niet te dicht bij je ogen). Er zijn klinische behandelingen die echt helpen, maar dit moet je onderhouden door te blijven exfoliëren.

Als je rosacea hebt

Dit is een aandoening waarbij je huid er rood uitziet en soms ook branderig aanvoelt. Iedereen kan er last van hebben. Als je huid soms prikt wanneer je van een warme naar een koude omgeving gaat of na het eten van bepaald voedsel, kan dat rosacea zijn. Er is geen exacte oorzaak en niet één juiste behandeling. Het gaat erom dat je een manier vindt om ermee om te gaan. Was je gezicht niet met te heet water en vermijd scrubs. Wees zuinig op de natuurlijke bescherming van je huid en raadpleeg een dermatoloog als je er te veel last van hebt.

- Ceramide

- Niacinamide

- Azelaïnezuur

Als je in de peri-/menopauze zit

Als je hormonen veranderen, verandert ook je huid. Misschien krijg je opeens last van acne of een droge huid. Naarmate je huid ouder wordt, nemen collageen en elastine af en produceert je huid uiteindelijk minder lipiden. Omdat ook de oestrogeenniveaus dalen, is het echter ook mogelijk dat je juist een toename van oliën in je huid ziet, wat een van de redenen is waarom we puistjes kunnen krijgen.

- Peptiden
- Hyaluronzuur
- Ceramide

Als je hyperpigmentatie hebt

Dit is een overkoepelende term voor donkere vlekken op de huid. Deze kunnen worden veroorzaakt door beschadiging door de zon en hormonen (waaronder anticonceptie en zwangerschap) of als gevolg van huidbeschadiging door een ernstige vorm van puistjes of wonden. Draag altijd een SPF, vooral als je de menopauze nadert. Als je bezorgd bent dat de vlekjes een ernstigere oorzaak kunnen hebben, laat het dan altijd controleren.

- Vitamine C
- AHA's
- Retinoïden ('s nachts)

Hoe je een INCI-lijst leest

De INCI, uitgesproken als 'Inkey', is de ingrediëntenlijst op de verpakking van een product. Merken zijn niet verplicht te vermelden hoeveel ze van elk ingrediënt gebruiken, maar de lijst staat altijd in aflopende volgorde van het percentage van alle ingrediënten waarvan meer dan 1% is gebruikt. De volgorde van alle overige ingrediënten kan willekeurig zijn. Dus, als een product een specifiek ingrediënt wil benadrukken, zou dit in de bovenste helft van de lijst moeten staan.

Over het algemeen zal alles wat betrekking heeft op de geur een heel kleine hoeveelheid van het ingrediënt zijn. Het feit dat een ingrediënt in een lage concentratie wordt gebruikt, betekent natuurlijk niet per se dat het niet effectief is, want sommige actieve ingrediënten zijn effectief in zeer lage doseringen. Het is slechts een handige manier om een idee te krijgen van hoeveel er van iets in een serum of crème zit. Als op de verpakking van een product staat dat het bepaalde ingrediënten bevat, dan mag je verwachten dat die ingrediënten ergens boven in de ingrediëntenlijst staan.

Een veelvoorkomend huidverzorgingsingrediënt is fenoxyethanol, een conserveermiddel. Je ziet het in veel producten. Een handige vuistregel is dat dit alleen in concentraties tot 1% in huidverzorging gebruikt mag worden. Dus alles wat onder dit ingrediënt op de INCI-lijst staat, is minder dan 1% van het product. Nogmaals, dit zegt niet zo heel erg veel, maar het is handig om aan te houden als een snel referentiepunt voor de hoeveelheden van de overige ingrediënten.

Ook zie je naast de INCI-lijst vaak een symbool dat lijkt op een pot met een deksel dat erboven zweeft en een nummer (dit staat voor het aantal maanden) gevolgd door een M (maand). Dit wijst op de houdbaarheid van een product als het eenmaal is geopend. Het betekent niet dat het meteen 'slecht' wordt of je huid gaat irriteren op de exacte dag, zeg zes maanden na het verbreken van het zegel. Het betekent simpelweg dat het misschien niet meer bijzonder effectief is. Dit is met name belangrijk voor SPF-crèmes. Deze hebben meestal een houdbaarheid van 12 maanden en het kan grote gevolgen voor je huid hebben als ze niet werken.

Vermoeide ogen

Veel mensen worden 's ochtends geplaagd door dikke ogen en donkere kringen en er is mij al dikwijls gevraagd wat je daar nou aan kunt doen.

Opgezette ogen

's Nachts, wanneer je lichaam in rust is, kan vocht zich ophopen. Dit verergert als je met je gezicht naar beneden of heel erg plat ligt. Probeer dus iets hoger te liggen met je hoofd. Als je erg zoutrijk voedsel hebt gegeten of suikerhoudende alcoholische dranken hebt gedronken, probeert ons lichaam extra water vast te houden om dit af te kunnen voeren. Alcohol is ook de vijand van een goede nachtrust. Rond de tijd van je menstruatie kunnen hormonen niet alleen je buik, maar ook in je gezicht een opgeblazen gevoel veroorzaken.

- Verbeter je slaap

- Verminder je inname van zout en alcohol

- Masseer je gezicht 's ochtends (zie blz. 119)

Donkere kringen onder je ogen

Iedereen heeft van nature vetkussentjes onder zijn ogen. Bij jonge mensen is dat meestal niet zichtbaar, maar naarmate we ouder worden, verliest onze huid zijn elasticiteit en stevigheid en worden deze kussentjes duidelijker zichtbaar. Onze huid wordt dunner en de bloedvaten rondom onze ogen worden duidelijker zichtbaar.

Je kunt ook last hebben van hyperpigmentatie, veroorzaakt door een overproductie van het eiwit melanine. Dit kan zichtbaar worden rondom de ogen waar de huid dunner is.

- Drink veel water

- Reinig 's ochtends en 's avonds tweemaal

- Controleer je ijzer- en B12-waarden met een bloedtest

Huidverzorging en cosmetische ingrepen

Het is belangrijk dat je weet wat je redelijkerwijs mag verwachten van een product en wanneer. Zelfs als een product de allerbeste actieve ingrediënten bevat, blijft het niet oneindig effectief. De reclames willen ons graag laten geloven dat het allernieuwste product wonderen kan verrichten, maar doorgaans laat het ons teleurgesteld en geïrriteerd achter en hebben we geld uitgegeven aan iets wat weinig of niets heeft opgeleverd.

We hebben allemaal dingen die we meer en minder leuk vinden aan ons gezicht en lichaam. Als je ergens echt last van hebt, zoals altijd donkere kringen onder je ogen, zodat jij je moe voelt als je in de spiegel kijkt, terwijl je echt voldoende slaap hebt gehad, dan ben je misschien bereid om daar wat meer tijd en geld aan te besteden.

Niemand zou het gevoel moeten hebben dat ze een behandeling in een schoonheidssalon of kleine of grotere ingrepen moeten ondergaan. Als je kringen onder je ogen kunt verdoezelen met een beetje concealer zodat je er verder niet meer over hoeft na te denken, dan is dat prima. Wat belangrijk is, is dat je zelf een keuze maakt en je in staat voelt om met kennis van zaken de beslissingen te nemen die voor jou de gewenste resultaten opleveren.

Als je voor een cosmetische ingreep kiest, dan moet je echt eerst onderzoek doen, een specialist raadplegen en een goede behandelaar zoeken van wiens werk je voorbeelden hebt gezien. Neem hier voldoende tijd voor, en zorg er altijd voor dat je een realistisch beeld hebt van de hersteltijd. Zoek naar getuigenissen van verschillende mensen die de ingreep of behandeling hebben ondergaan. Vertrouw niet alleen op wat de kliniek of salon op hun website heeft geplaatst.

Ik heb de briljante Alice Hart-Davis gevraagd om ons wat meer informatie te geven over de behandelingen en resultaten die je kunt behalen, welke optie je ook kiest. Alice schrijft al 25 jaar over cosmetische procedures (en heeft er vele uitgeprobeerd) en is de oprichtster van **thetweakmentsguide.com**, een online schatkamer van betrouwbaar advies over cosmetische ingrepen, behandelaars en hoe je de beste resultaten verkrijgt.

Huidveroudering

Waar	Wat	Wat je mag verwachten
Thuis	Retinoïden en peptiden	Gladdere, stevigere huid
Schoonheidssalon	Geavanceerde gezichts-behandeling met micro-needling; Ledlamptherapie.	Verminderen en gladstrijken van fijne lijntjes; Gezondere en sterkere huid
Dermatoloog	Botox; Filler; Radiofrequentie microneedling.	Zachtere fronsrimpels en kraaienpootjes; Duidelijkere contouren van wangen en kaaklijn; Gladdere en stevigere huid
Cosmetische ingreep	Facelift	Grote impact, die wel 10 jaar kan duren; Duur, lang herstel; De procedure die het meest oplevert, is vaak een bovenooglidcorrectie

Los vel in je hals en bij je wangen

Waar	Wat	Wat je mag verwachten
Thuis	Microcurrent spierstimulatie met een apparaat (NuFace/ FaceGym Pro)	Een zachte spierstimulatie, mits je dit drie keer per week toepast.
Schoonheidssalon	Radiofrequentie microneedling of ultrasone huidverstrakking	Je bent een dag uit de running; Voor RF-needling heb je elke drie maanden een behandeling nodig.
Dermatoloog	Draadjes, vetoplossende injecties of vetbevriezing bij een onderkin	Draadjes tillen je wangen op en maken je huid wat strakker. Het heeft echter maar 8 tot 18 maanden effect.
Cosmetische ingreep	Hals- of nekfacelift	Strakkere kaak- en nekcontouren. Langdurig effect, tot wel tien jaar.

Acnelittekens

Waar	Wat	Wat je mag verwachten
Thuis	Retinol en microneedling	De littekens worden wat minder zichtbaar.
Schoonheidssalon	Fractionele radiofrequentie	Een iets gladdere huid
Dermatoloog	CO_2-laser	Een merkbare verbetering van de huid. Het duurt twee tot vier weken voordat je huid genezen is.

Melasma/ouderdomsvlekken/pigmentvlekken

Waar	Wat	Wat je mag verwachten
Thuis	Vitamine C en consequent gebruik van SPF 50	Verschil in kleine ouderdomsvlekken. Melasma is minder zichtbaar.
Schoonheidssalon	Ledlamp, IPL (ouderdoms-vlekken); Cosmelan (melasma)	Totale verwijdering bij consequent gebruik van SPF 50
Dermatoloog	Voorgeschreven huidverzorging; Picolasers (veilig voor alle huidtypen).	Vermindering/verwijdering van bruine vlekjes en kleine pigmentvlekken.

Wallen onder de ogen

Waar	Wat	Wat je mag verwachten
Thuis	Oogcrème met cafeïne, lymfedrainagemassage	Kleine vermindering van zwelling en wallen
Schoonheidssalon	Professionele lymfe-drainagemassage, microcurrent spierstimulatie	Afname van wallen en verfijning van gezichtscontouren
Cosmetische ingreep	Radiofrequentie micro-needling	Strakkere huid, minder zichtbare wallen

VRAAG JEZELF AF:

1 Heb je het gevoel dat een volledige huidverzorgingsroutine in de ochtend voor jou niet haalbaar is?

2 Heb je 's avonds een huidverzorgingsroutine?

3 Hoeveel water drink je eigenlijk?

4 Denk je dat je voeding invloed heeft op je huid?

5 Geef met een waarde tussen 1-10 aan hoe gestrest je doorgaans bent?

6 Ben je op een dag wakker geworden en dacht je: hoe heeft dit zo kunnen gebeuren?!

DAAG JEZELF UIT

1. Je ochtendroutine neemt vijf minuten in beslag. Ik hoop dat iedereen 's ochtends deze tijd voor zichzelf kan nemen. Probeer het alsjeblieft één week en kijk of je het verschil voor je huid merkt.

2. Als jij je huidtype (zie blz. 16) en je huidproblemen (zie blz. 124-128) hebt kunnen bepalen, is het waarschijnlijk niet heel moeilijk om de producten te vinden die voor je werken. Zo geef je geen geld uit aan de verkeerde producten. Op dag 1 koop je een goed serum. Gebruik dit twee weken om de veranderingen te zien en introduceer dan één voor één elk nieuw product en kijk wat het voor je doet.

3. Voor een mooie huid moet je minimaal twee liter water per dag drinken. Dit heeft een enorme impact op je huid en de gezondheid van je lichaam. Ik lieg mezelf altijd voor op dit gebied.

4. Van zout, suiker en alcohol is bewezen dat ze een negatieve invloed hebben op de huid. Het kan leiden tot een pafferig gezicht. Houd een week lang een eetdagboek bij. Neem dit aan het einde van de week eens grondig door en vraag je af welk deel van je voedingspatroon te grote hoeveelheden van deze inflammatoire voedingsmiddelen en drankjes bevat. Denk na over hoe je de inname hiervan gedurende de dag eenvoudig kunt verminderen.

5. Meet een week lang je stressniveau door het elke dag een cijfer te geven tussen 1 (laag) en 10 (extreem hoog). Als je op de meeste dagen boven de 5 zit, zit er een schadelijk niveau van het stresshormoon cortisol in je lichaam. Je kunt deze stress verminderen door te sporten en te mediteren. Hiervan is bewezen dat ze de cortisolniveaus helpen verlagen.

6. Geen paniek. Je bent echt niet de enige! Daarnaast zijn er oplossingen. Ga terug naar het begin van dit hoofdstuk en volg de dingen die je nu kunt doen om je huid weer in optimale conditie te brengen.

DE INGREDIËNTENLIJST

Familie van exfoliërende zuren

Als 'zuur' op je gezicht smeren je heel vreselijk in de oren klinkt, maak je dan geen zorgen, dat is het niet. Deze vloeibare exfolianten helpen dode huidcellen verwijderen. Dit zijn cellen die je huid verstoppen en er dof doen uitzien. Over het algemeen hoef je vloeibare exfolianten alleen maar op je huid aan te brengen; je hoeft deze er niet af te halen. Een sterk zure peeling kan alleen maar door een dermatoloog worden uitgevoerd.

AHA's	Alfa-hydroxyzuren, waaronder glycolzuur, melkzuur en appelzuur. Hun moleculen zijn kleiner dan de andere zuren en kunnen daardoor dieper in de huid doordringen.
Wat doen ze?	Ze lossen de verbindingen op die dode huidcellen op het oppervlak vasthouden. Dit resulteert in een helderdere, zuiverdere teint. Hiermee pak je hyperpigmentatie en een doffe huid aan.
Voor wie?	Voor iedereen die de glans wil herstellen van een huid met fijne lijntjes. Vooral mensen met een doffe, droge huid die deze dode huidcellen echt moeten verwijderen en bij wie alle vochtinbrengende crèmes een droog gevoel geven. Niet voor mensen met een zeer gevoelige huid.
Wanneer?	's Avonds, omdat je huid mogelijk iets gevoeliger wordt voor de zon. Gebruik na het reinigen. Misschien wil je beginnen met slechts twee tot drie keer per week zodat je huid eraan kan wennen. Als je retinoïden gebruikt, kun je deze om de avond aanbrengen in plaats van elke avond.

BHA's

Bèta-hydroxyzuren. De meestvoorkomende BHA in skincare is salicylic acid of salicylzuur, gemaakt van wilgenschors.

Wat doen ze?

Het belangrijkste voordeel van salicylzuur is dat het een exfoliant is en helpt bij de verwijdering van dode huid. Omdat het niet alleen op het huidoppervlak, maar diep in de huid en ook in de poriën kan binnendringen, is het met name effectief tegen puistjes en mee-eters.

Voor wie?

Iedereen met een gemengde, vette of onzuivere huid.

Wanneer?

's Avonds, na het reinigen, omdat je huid iets lichtgevoeliger wordt.
Gebruik het in eerste instantie slechts een paar keer per week en niet in combinatie met retinoïden. Als de huid wat tolerantie heeft opgebouwd, kun je als het goed aanvoelt het iets vaker toepassen.

PHA's

Polyhydroxyzuren zoals gluconolacton en lactobion-zuur. De moleculen van dit zuur zijn groter en dringen dus langzamer door in de huid. Dat maakt ze ook minder agressief. Het is nog steeds een effectieve manier om te exfoliëren en ze zullen minder snel irritatie veroorzaken.

Wat doen ze?

PHA's exfoliëren en hydrateren. Ze hydrateren de huid en zijn krachtige antioxidanten. Daardoor zijn ze heel geschikt voor een gevoelige en gedehydrateerde huid. Het exfoliatieproces versterkt de glans en uitstraling van de huid.

Voor wie?

Mensen die nooit eerder een zuur hebben gebruikt of mensen met een gevoelige huid.

Wanneer?

's Ochtends en 's avonds. Ze zijn minder agressief, maken de huid niet gevoeliger voor de zon en ze gaan goed samen met andere ingrediënten.

Ceramiden

Wat doen ze?   Ceramiden houden onze huidcellen bij elkaar, een beetje zoals cement tussen bakstenen. Ze zijn een belangrijk onderdeel van een gezonde huidbescherming en helpen vocht vast te houden.

Voor wie?   Iedereen met een droge of geïrriteerde huid.

Wanneer?   Ceramiden worden doorgaans verwerkt in een serum of vochtinbrengende crème. Je kunt deze zowel 's ochtends als 's avonds toepassen.

Hyaluronzuur

Wat doet het?   Hoewel het ook een 'zuur' wordt genoemd, is het iets heel anders dan de vloeibare exfolianten waar we het hierboven over hebben. Deze hydrator zorgt voor een hydratatieboost en rehydrateert de huid doordat deze tot wel 1.000 keer zijn eigen gewicht aan vocht vasthoudt in je huid.

Voor wie?   Alle huidtypen hebben hier baat bij, maar mensen met een vochtarme huid zullen de meeste verbetering zien. Gehydrolyseerd hyaluronzuur heeft de kleinste moleculen en dringt waarschijnlijk dieper door in de huid.

Wanneer?   Geschikt voor elk moment. Het gaat goed samen met andere ingrediënten; zorg er gewoon voor dat je het vóór iets vettigs gebruikt, zodat het de huid kan binnendringen. Vermijd het alleen als je naar een heel droge ruimte of een heel droog gebied gaat, zoals een vliegtuig of als je naar een droog klimaat gaat, omdat het dan misschien vocht aan je huid onttrekt. Hyalonzuur werkt het best in een serum, niet in een vochtinbrengende crème.

Niacinamide

Wat doet het?
Niacinamide is een vorm van vitamine B3 en een krachtige, hardwerkende actieve stof. Het heeft een aantal verschillende voordelen, waaronder:

- Het is gericht op pigmentatie voor een helderdere en egalere teint.
- Het stimuleert de hydratatie door de huidstructuur te ondersteunen en de barrièrefunctie te verbeteren.
- Het heeft verzachtende eigenschappen.
- Het brengt de talgproductie in evenwicht, voorkomt puistjes en is weldadig voor een vette, acnegevoelige huid.
- Het gaat huidveroudering tegen door het energieniveau van de cellen te verhogen.

Voor wie?
Bijna iedereen heeft er baat bij om het in haar dagelijkse routine op te nemen, maar het is vooral effectief voor een acnegevoelige of gespannen huid.

Wanneer?
's Ochtends of 's avonds. Optimaal na reiniging of exfoliatie met een product dat je niet hoeft af te spoelen, zoals een serum of vochtinbrengende crème.

Peptiden

Wat doen ze?

Peptiden zijn korte ketens van aminozuren. Het zijn de bouwstenen van eiwitten. De eiwitten waar we het meest om geven in onze huidverzorging zijn collageen, elastine en keratine, aangezien zij verantwoordelijk zijn voor de soepelheid en elasticiteit van onze huid. Hun moleculen zijn echter groot en worden niet door onze huid opgenomen als we ze in een crème stoppen. Wanneer peptiden in onze huid terechtkomen, kunnen ze goed werk verrichten.

Signaalpeptiden sturen berichten om de productie van eiwitten zoals collageen en elastine te stimuleren.
Neurotransmitter-remmende peptiden helpen de afgifte van chemicaliën die de spiercontracties van expressielijnen veroorzaken te blokkeren. Ze werken op een vergelijkbare manier als botox, hoewel het effect subtieler is. Ze verzachten bestaande lijntjes en voorkomen dat er nieuwe ontstaan.
Dragerpeptiden leveren bijvoorbeeld sporenmineralen aan de huid om collageen te stimuleren (zoals collageen en elastine).
Enzymremmers helpen de afbraak van bestaand collageen en elastine voorkomen.

Voor wie?

Peptiden zijn effectief bij een zeer laag percentage en leiden doorgaans nooit tot huidirritatie. Ze zijn daardoor ook geschikt voor mensen met een gevoelige huid. Ze worden belangrijker naarmate onze huid ouder wordt.

Wanneer?

Optimaal na reiniging of exfoliatie met een product dat je niet hoeft af te wassen, zoals een serum of vochtinbrengende crème. Kan op elk moment van de dag.

Vitamine C

Er zijn zoveel verschillende soorten vitamine C te koop... Het is iets wat ik al meer dan 25 jaar in mijn verzorgings- routine gebruik; het is een essentieel onderhoudsproduct dat ik niet wil missen.

Wat doet het?

Vitamine C of 'ascorbinezuur' is een van de belangrijkste en heilzaamste multifunctionele huidverzorgingsingrediënten.

- Het is een antioxidant en beschermt de huid tegen beschadiging door vrije radicalen, veroorzaakt door onder andere vervuiling, UV en stress (het offert zichzelf op om je huid te beschermen tegen schade).

- Het voorkomt een doffe huid.

- Het helpt zichtbare pigmentatie vervagen en voorkomen.

- Het stimuleert de productie van collageen omdat vitamine C bij dit proces is betrokken. Het collageen eiwit is van nature nodig voor een sterke, veerkrachtige huid.

Voor wie?

Iedereen vanaf dertig jaar, ongeacht het huidtype, zou een vitamine C in haar ochtendroutine moeten gaan opnemen (als serum) om de tekenen van huidveroudering te helpen vertragen die vanaf je veertigste al snel zullen verschijnen. Er zijn verschillende soorten vitamine C en het is in verschillende sterkten verkrijgbaar. Dit kan allemaal heel verwarrend zijn. Het gaat erom dat je de juiste vorm en sterkte vindt die bij jouw huidtype en doelen past.

Wanneer?

In de ochtend. Vitamine C is overdag het meest effectief. Het is dan dat het zijn antioxiderende eigenschappen aanwendt om je SPF te ondersteunen en je huid te beschermen tegen schadelijke vrije radicalen. Als je vitamine C 's ochtends aanbrengt, breng dan daarna een vochtinbrengende crème aan als dat nodig is en uiteraard een SPF!

Er worden voortdurend nieuwe vormen van vitamine C ontwikkeld. Vitamine C heeft echter bewezen dat het al bij een lage sterkte een antioxiderende werking heeft. Als je op zoek gaat naar een goede vitamine C om je huid overdag te beschermen tegen schade, dan raad ik je aan om een vitamine C te gebruiken met een concentratie van minimaal 10-15%. Als je hardnekkige pigmentatie wilt verminderen of melasma wilt behandelen, kan een hoger niveau tot 20-30% nodig zijn.

In water oplosbare vormen zijn over het algemeen geschikt voor alle huidtypen:

L-ascorbinezuur

Wat te gebruiken	Dit is slechts effectief in een concentratie van 8-20%. Het kan op zichzelf worden gekocht in poedervorm of in combinatie met een antioxidant, zoals ferulinezuur, in een product.
Voordelen	• De krachtigste vorm van vitamine C. • Relatief goedkoop in aanschaf. • Het meest geschikt voor de aanpak van hardnekkige pigmentvlekken/ouderdomsvlekken.
Nadelen	• Het is de minst stabiele vorm en reageert op lucht en licht; het moet dus op de juiste manier worden bewaard (op een koele, donkere plaats). • Kan door de lage pH irritatie van de huid veroorzaken. • Wees voorzichtig bij het aanbrengen in de buurt van de ogen.

3-O-ethylascorbinezuur

Wat te gebruiken Kan tot 30% gebruikt worden. De pH4–5,5 ligt dicht bij de natuurlijke pH-waarde van de huid.

Voordelen
- Is goed voor alle huidtypen.
- Stimuleert collageen, vermindert pigmentatie en bevordert een stralende huid.
- Begint pas te werken als het volledig is opgenomen, hierdoor is het vriendelijker voor de huid.

Nadelen
- Mensen met een gevoelige huid kunnen bij gebruik van hogere percentages huidirritatie ervaren.

Natriumascorbylfosfaat

Voordelen
- Het meest geschikt voor een vette/onzuivere huid.
- Een goede dagelijkse antioxidant.
- Voor mensen met acne werkt het goed in combinatie met salicylzuur voor het verwijderen van puistjes.
- Het is stabieler en geeft dus minder kans op irritatie.

Nadelen
- Dit is het natriumzout van ascorbinezuur en reageert daardoor iets trager.
- Het wordt over het algemeen niet in hogere concentraties gebruikt.

Magnesium ascorbylfosfaat

Voordelen
- Een van de beste manieren om je huid stralender te maken.
- Zoutvorm van ascorbinezuur dus minder irriterend.
- Stabieler dan L-ascorbinezuur.

Nadelen
- Dit is een andere zoutvorm van ascorbinezuur en het bevat magnesiumzout, dus het werkt langzamer.
- Het wordt over het algemeen niet in hogere concentraties gebruikt.

Ascorbyl glucoside

Voordelen
- Het is oplosbaar in water en blijft dus stabiel bij verschillende pH-waarden.
- Wordt beschouwd als een zachtere formule.
- Het is goed voor de gevoelige huid.

Nadelen
- Minder effectief dan de meeste andere vormen.

Ascorbylpalmitaat

Voordelen
- Heeft antioxiderende eigenschappen.

Nadelen
- Meestal gebruikt om te voorkomen dat ingrediënten in een formule oxideren.
- Heeft weinig van de voordelen van vitamine C.

In olie oplosbare vitamine C voelt vetter aan en is over het algemeen beter voor drogere huidtypen. Het dringt tot vijftig keer sneller de huid binnen dan L-ascorbinezuur en wordt daarom beschouwd als de volgende generatie vitamine C-technologie. Op de ingrediëntenlijst zoek ik naar namen met 'tetra' erin. Dit geeft aan dat het in olie oplosbaar is. Twee van de belangrijkste ingrediënten zijn:

Ascorbyl tetraisopalmitaat

Wat te gebruiken	In concentraties van 20% wordt dit gebruikt voor de aanpak van hyperpigmentatie.
Voordelen	• Goed voor drogere huidtypen.
	• Uitstekende antioxiderende eigenschappen.
	• Zeer efficiënt voor het tegengaan van collageenafbraak.
Nadelen	• Formules zijn mogelijk niet geschikt voor een vettere huid.
	• Het kan te sterk zijn voor de gevoelige huid.

Tetrahexyldecylascorbaat

Wat te gebruiken	Effectief bij 0,1%, maar kan worden gebruikt in percentages van 5-30% voor de aanpak van hyperpigmentatie of melasma.
Voordelen	• Goed voor drogere huidtypen.
	• Zeer efficiënt voor het tegengaan van collageenafbraak.
Nadelen	• Formules zijn mogelijk niet geschikt voor een vettere huid.
	• Bij hogere percentages kan het te sterk zijn voor de gevoelige huid.

De vitamine A-familie (retinoïden)

Ik wijd een hele sectie aan deze essentiële actieve stof omdat retinoïde, van alle ingrediënten op de markt, heel effectief kan zijn. Retinoïnezuur is al vanaf de jaren 80 de gouden standaard in de aanpak van huidveroudering. Je kunt het alleen op recept krijgen en daarom probeert de cosmetische industrie al tientallen jaren om de krachtige effecten ervan te evenaren in cosmetische vorm. Hier vind je een overzicht om je wegwijs te maken in deze complexe wereld.

Wat doen ze?

- Ze verminderen fijne lijntjes en rimpels, veroorzaakt door de verminderde aanmaak van collageen, en helpen de huid de verloren voorraden aan te vullen.

- Helpen puistjes te verwijderen en nieuwe te voorkomen door de huidcelvernieuwing te versnellen.

- Laten de huid er stralender en egaler uitzien.

- Vervagen na verloop van tijd de pigmentatie.

- Voorkomen toekomstige ouderdomsvlekken en blokkeren het transport van melanine.

Voor wie?

- Iedereen die fijne lijntjes wil behandelen.

- Iedereen met een vette huid die gevoelig is voor puistjes.

- Mensen met acne.

Wanneer?

Elke avond na het exfoliëren. Laat intrekken voordat je iets anders aanbrengt, tenzij:

- je een krachtige retinoïde gebruikt.

- je net bent begonnen met een AHA of BHA.

- je een zeer gevoelige huid hebt. Begin in dit geval langzaam.

- je zwanger bent of borstvoeding geeft. Vermijd in dat geval retinoïden.

De retinoïdefamilie heeft een aantal elementen en in de cosmetische huidverzorgingsindustrie worden ze per merk op verschillende manieren als ingrediënt gebruikt. Wat goed voor jou is, hangt sterk af van hoe gevoelig je huid is en wat je uit het product wilt halen.

Zeer sterke retinoïnezuren worden soms door artsen voorgeschreven als behandeling voor acne (daar is het ooit begonnen als ingrediënt in de huidverzorging). Ik denk dat het gebruik van retinoïden op recept geen goed idee is omdat ze vrij agressief zijn en je huid hierdoor een proces van peeling en schilfering doormaakt.

Als je een sterkere retinoïde gebruikt, kun je deze misschien een paar keer per week gebruiken in plaats van elke avond. Het kan een paar weken duren voordat je huid eraan is gewend, dus luister naar je huid. Als het droog en pijnlijk aanvoelt, moet je misschien iets anders proberen.

Sommige serums en crèmes hebben een hoog gehalte aan retinoïden, maar meer is niet altijd beter. Omdat het een prikkelend middel is, bevat het soms ook ingrediënten die de huid kalmeren en de irritatie tegengaan. Een lagere sterkte kan je huid alsnog actief verbeteren, zonder dat je andere ingrediënten nodig hebt om de krachtige retinoïden te kalmeren.

Je kunt retinoïden in je halsgebied gebruiken, maar houd er rekening mee dat je huid daar doorgaans iets gevoeliger is. Zorg ervoor dat je het goed inwrijft.

Je kunt veel geld uitgeven aan de allerbeste retinolen en retinoïden en de technologie ontwikkelt zich voortdurend, maar je hoeft niet voor de topmerken te gaan. Zoek een goede middenweg en kijk wat het doet. Je kunt altijd meer investeren, vooral als je ouder wordt en je meer fijne lijntjes krijgt.

Hier is een overzicht van de soorten retinoïden die je in de cosmetische huidverzorgingsproducten tegenkomt:

Retinylpalmitaat

Voordelen	• Op grote schaal verkrijgbaar.
	• Komt voor in veel goedkopere huidverzorgings-producten.
	• Kan worden gebruikt door mensen met een gevoelige huid die andere vormen niet goed verdragen.
Nadelen	• Geen erg effectieve vorm. Geeft waarschijnlijk geen goede resultaten.

Retinaldehyde (soms afgekort tot retinal)

Voordelen	• Wordt in deze vorm beter door de huid opgenomen en gebruikt.
	• Minder kans op huidirritatie.
Nadelen	• Komt vooral voor in duurdere producten.

HPRetinoate

Voordelen	• Zeer efficiënt.
	• Veroorzaakt waarschijnlijk geen irritatie.
Nadelen	• Nieuwe technologie die nog maar net zijn intrede heeft gedaan in de huidverzorging.
	• Wordt waarschijnlijk erg duur.

Granactive retinoïde (hydroxypinacolon-retinoaat)

| Voordelen | • Een relatief nieuwe vorm van retinoïde die direct bindt aan retinoïsche-receptoren in de huid en deze inschakelt. |
| | • Geringe irritatie, snelwerkend. |

| Nadelen | • Nieuwe technologie in de huidverzorgingsindustrie. |

Retinol

| Voordelen | • Een van de krachtigste cosmetische ingrediënten die er zijn. |

Nadelen	• Het is niet erg stabiel in licht en lucht en moet daarom extreem goed worden samengesteld.
	• Het veroorzaakt vaak huidirritatie omdat het op het oppervlak begint te oxideren.
	• Het wordt door de huid langzaam omgezet in retinoïnezuur. Tijdens dit proces kan een deel van de effectiviteit verloren gaan.

1% retinylpalmitaat is niet zo sterk als en werkt langzamer dan een retinol van 0,3% omdat deze vorm minder effectief is op de huid

JE HAAR

IS ALLES

Haar

Is het niet grappig dat wanneer we ons goed voelen, we ons niet druk maken over ons haar, maar wanneer we niet lekker in ons vel zitten eerder geneigd zijn om ons haar drastisch te veranderen?

Een geweldig kapsel dat ons gezicht definieert, geeft ons een zelfverzekerd gevoel. Onze stijl en make-up komen dan moeitelozer samen. Als we ons haar een tijdje niet genoeg aandacht hebben gegeven, hebben we soms het gevoel dat we naar de achtergrond verdwijnen. Het is daarom belangrijk dat je een stijl omarmt die voor jou werkt. Niet alleen wanneer je naar de kapper gaat, maar ook tussen de knipbeurten in.

We moeten vriendelijk zijn voor ons haar en er voldoende aandacht aan besteden, net als aan je huid. Je geeft toch ook geen geld uit aan een gezichtsbehandeling om vervolgens niet de moeite te nemen voor een goede huidverzorgingsroutine. Dat geldt ook voor ons haar, want haar, huid en make-up zijn allemaal met elkaar verbonden. Het is moeilijk om je echt goed te voelen over het één als je het andere verwaarloost.

Net als onze huid verandert ons haar naarmate we ouder worden; en niet alleen omdat het grijs wordt. Dat is heel natuurlijk, al stelt het ons wel voor nieuwe uitdagingen.

Haar, huid en make-up zijn met elkaar verbonden

Haar voor alle leeftijden

Waarschijnlijk zul je in je leven een aantal verschillende stijlen proberen en mogelijk ook een paar verschillende kleuren. Je haar is een geweldige manier om je stijl te veranderen en jezelf een nieuwe look te geven.

Twintiger jaren

Misschien wil je experimenteren met een andere haarkleur (vergeet daarbij je kleurcode niet – zie blz. 15). Stijltangen beschadigen je haar, dus gebruik een hittebeschermende spray om je haar in goede conditie te houden.

Dertiger jaren

Dit zijn de jaren waarop je meer aandacht moet gaan besteden aan het onderhoud van je haren tussen de knipbeurten door (het is goedkoper dan een volledige knipbeurt).

Veertiger jaren

Je weet nu hoeveel tijd, geld en energie je bereid bent in het onderhoud van je haar te steken, dus blijf bij je sterke punten.

Vijftiger jaren

De menopauze kan een grote invloed hebben op je haar. De verandering zal variëren en afhangen van het al dan niet nemen van HST. Haar dat voorheen gezond aanvoelde, kan nu broos en droog worden. Los van de textuur van je haar zal het toevoegen van vocht en het stimuleren van glans voorkomen dat je haar er saai uitziet. Neem supplementen (zie blz. 91-93).

Zestiger jaren en daarna

Een coupe die je gezicht omlijst, geeft je gezicht structuur. En dat heb je nodig naarmate je ouder wordt, want je verliest bot- en spiermassa en collageen.

De niet-essentiële essentiële hulpmiddelen

Denk er altijd aan om lief te zijn voor je haar. Net zoals het gebruik van te veel huidverzorgingsproducten kan leiden tot verstoring van het evenwicht van onze huid en het verwijderen van de natuurlijke oliën, krijgt ons haar niet die gewenste gezonde glans wanneer we er zomaar van alles op gooien en het daarna te lijf gaan met een hete föhn of stijltang.

1   Haarmaskers

Deze zijn geweldig voor droog haar, kroeshaar of als je je haar bleekt. Je kunt dit elke twee tot vier weken doen. Ik vind een masker dat je aanbrengt voordat je je haar wast, minder belastend voor mijn haar, dus ik gebruik Josh Wood's *Miracle Mask*.

2   Diepreinigende shampoo

Ik gebruik een dergelijke shampoo om de paar weken. Het is geweldig om productopbouw te verwijderen waardoor je haar er schilferig, dof en vlak uitziet. Gebruik indien nodig een shampoo die geschikt is voor gekleurd haar.

3   Droogshampoo

Breng dit aan voordat je naar bed gaat, zodat het 's nachts kan inwerken in plaats van dat je het inwrijft. Als je erg dun en fijn haar hebt, probeer dan een zo licht en subtiel mogelijk product.

4   Handcrème

Ja, handcrème. Het bevat ongeveer dezelfde ingrediënten als verrijkende crème voor je haar. Als je haar bij de uiteinden krult, kun je dit verhelpen door je handen in te smeren met handcrème, daarna licht vochtig te maken en vervolgens met je handen het restje handcrème over je haar te verdelen.

5   Hittebeschermingsspray

Gebruik altijd een hittebeschermingsspray, het is het waard. Omdat we willen dat ons haar er altijd goed uitziet, beseffen we niet welke schade de warmte van een föhn of krultang op de lange termijn kan aanrichten aan ons haar. Het is waarschijnlijk beter om goed te leren föhnen of niet tegen maar met je krullen te werken, dan elke dag een stijltang te gebruiken.

Haarverlies

Dit is een grote zorg voor veel vrouwen en ik denk niet dat we hier genoeg over praten. Het kan door allerlei factoren worden veroorzaakt: hormonen, stress, ziekte. Ik had last van haaruitval nadat ik covid had gehad en tijdens de menopauze. De meeste experts zijn het erover eens zijn dat deze factoren allemaal neerkomen op ontstekingen in het lichaam. Als je last hebt van haaruitval is het belangrijk om de onder-liggende oorzaak te achterhalen. Soms is het gewoon een kwestie van ijzertekort. Laat dit dus eerst controleren via de huisarts.

Er zijn shampoos die beloven haaruitval te verminderen, maar het enige wat ze kunnen doen, is ervoor zorgen dat je haar minder snel loskomt uit de haarzakjes. Een shampoo kan geen nieuwe haargroei stimuleren. Als je haar voornamelijk dunner wordt rond je slapen, dan zijn er producten waarmee je de haarwortels kun beschermen, bijvoorbeeld Color Wow. Het maakt volgens mij een groot verschil bij het herstel van de natuurlijke verhoudingen van mijn gezicht. Weaves, extensions, vlechten en gewoon je haar strak naar achteren trekken met strakke haarbanden kan ertoe leiden dat je haar dunner wordt. Je moet dus een afweging maken tussen kortetermijnwinst en de mogelijke gevolgen op lange termijn. Ik neem ook biotine-supplementen en ik geloof echt dat ze helpen.

Je beste haarkleur

Veel vrouwen kleuren hun haar met een kleur die niet helemaal past bij de natuurlijke kleur van hun huid en ogen. Dit heb ik zelf meermaals gedaan. Soms zie ik foto's uit de periode dat ik mijn haar rood verfde en zie nu dat die kleur gewoon te warm voor mij was!

De verleiding om met ons haar te experimenteren is voor velen van ons groot. Maar wat je ook doet, vergeet nooit je natuurlijke haarkleur. Zelfs als je denkt dat die saai is, is het jouw kleur. Niemand wordt geboren met een haarkleur die niet bij zijn huid en ogen past. Als je er volledig tegen in probeert te gaan, raak je uit balans. Het wordt dan veel lastiger om erachter te komen welke make-up en kleding goed voor jou uitpakken.

De kleur van je ogen

Eén test is om te kijken naar de relatie tussen je huidige haarkleur en de kleur van je ogen. Leg een plukje haar naast je oog. Als ze in harmonie zijn, vallen je ogen op. Als je haar de kleur van je ogen verdoezelt, is je haarkleur niet helemaal goed.

Iets anders waar je aan moet denken, is de relatie tussen je huid en je haarkleur. Vormen ze een natuurlijke combi of lijkt het alsof ze je verschillende richtingen uit trekken? Het moet één geheel zijn.

Probeer een andere kapper

Als je al jaren naar dezelfde kapper gaat, vraag jezelf dan af of ze rekening houden met hoe je gezicht en haar (en misschien je stijl en persoonlijkheid) veranderen. Gebruiken ze gewoon elke keer dezelfde kleur? Als dat zo is, is het misschien tijd om iemand anders naar je haar te laten kijken. (Al weet ik dat het vinden van een goede kapper soms net zo moeilijk is als het vinden van de perfecte partner... vraag vrienden van wie jij vindt dat ze mooi haar hebben naar welke kapper ze gaan en ga altijd eerst langs voor een consult voordat je je vastlegt.)

Wanneer is het tijd om te zwichten voor grijs...?

Jongere vrouwen, niet afhaken nu. Niemand weet wanneer de eerste grijze haren zichtbaar worden en het is goed om te weten wat je te wachten staat. Grijs haar kan bevrijdend en heel mooi zijn, terwijl grijs worden voor anderen niet voor te stellen is (voor mij!).

Veel vrouwen besluiten om grijs te worden wanneer verven te tijdrovend wordt, vooral als je snel uitgroei krijgt. Of als hun originele kleur nu te hard is en zilvergrijs een look is die ze willen omarmen.

De moeilijkste manier om voor deze verandering te gaan, is door de huidige kleur uit te laten groeien. Daar heb je doorzettingsvermogen voor nodig en je zult je waarschijnlijk een tijdlang niet blij voelen met je haar. Het kan helpen om wat grijze highlights te plaatsen en sommige mensen kiezen ervoor om het haar eerst blond te verven om de overgang te vergemakkelijken. Dit is natuurlijk niet voor iedereen weggelegd en als je nooit eerder heel licht haar hebt gehad, kan dit heel ingrijpend zijn.

Jouw kleurenpalet

Grijs is van nature een koelere tint, dus als je garderobe koele tinten heeft, is de aanpassing minder groot. Als je echter een donkerdere huidskleur hebt en warme/neutrale of warme ondertonen hebt, moet je misschien wat meer of opnieuw aandacht aan je garderobe besteden. Misschien merk je dat sommige donkere kleuren niet meer bij je passen en de beste neutrale tonen – marineblauw, bordeauxrood, grijstinten – veranderen. Je moet ook je make-up aanpassen.

De kleur en conditie van je haar

Grijs haar kan er saai of vaal uitzien. Het is zeldzaam dat natuurlijk grijs haar helemaal geen verzorging nodig heeft. De subtielste blauwspoeling of een paarse shampoo kan de sleutel zijn om de kleur tot leven te brengen en te voorkomen dat het er saai en vlak uitziet. Als je haar erg wit is, probeer dan een blauwshampoo. Zoals altijd gaat het om licht en beweging. Als je wat tijd en aandacht besteedt aan je zoektocht naar het juiste kapsel en het onderhoud van de conditie van je haar, zul je heel blij zijn met je nieuwe grijze haar.

50 TINTEN

LISA

CARRIE

GRIJS?

EEN BRON

VAN VREUGDE

Make-up

Make-up betekent dat ik als ik moe wakker word, niet de hele dag in de spiegel naar een weggetrokken gezicht hoef te kijken. Met een concealer voor onder de ogen, een rouge en een felle lipstick kan ik er binnen enkele minuten voor zorgen dat ik er energieker uitzie - en me daardoor ook energieker voel - klaar om de dag tegemoet te treden.

Als ik een fantastische felle kleur wil dragen, kan ik er met een zorgvuldig aangebrachte make-up voor zorgen dat deze mij niet overheerst en ik achter de kleur verdwijn.

En als ik 's avonds op stap ga, neem ik de tijd voor smokey eyes make-up. Op die manier geef ik mezelf de ruimte om bij te komen van een drukke dag en me meteen een stuk zelfverzekerder te voelen.

Soms zijn we uitgekeken op onze vaste make-uplook. We zijn in een sleur beland waardoor we ons vertrouwen verliezen of het gevoel hebben dat we niet meer weten wat voor ons werkt. In dit deel van het boek probeer ik je de tools en inspiratie te geven om je look naar een hoger niveau te tillen en iets nieuws te proberen.

Een kleine ontdekking kan een groot verschil betekenen

De tools

Of je je make-up aanbrengt met een borstel, een spons of voornamelijk met je vingers is een persoonlijke voorkeur.

Ik geef de voorkeur aan rouge, bronzers en oogschaduw op crème-basis. Deze zijn gemakkelijker te blenden, ze lopen niet uit en ze zijn doorgaans vriendelijk voor je huid. Poeders klonteren sneller en je hebt eerder de neiging om weer een nieuw kleurtje te kopen. Crèmes kun je gemakkelijk met je vingers aanbrengen, maar voor een meer gepolijste look, bereik je met een kwastje nauwkeurigere resultaten. Je kunt kleurtjes ook beter blenden als ze eenmaal op je gezicht zitten. Voor poeders heb je over het algemeen een kwast nodig.

De zes penselen die ik altijd gebruik zijn:

- **Een schuine contourborstel** voor oogkleur en zwaardere concealer. Het geeft een zachtere afwerking en voorkomt dat je te veel gebruikt (ik gebruik mijn vingers voor een lichtere concealer onder mijn ogen).

- **Een zachte, taps toelopende borstel** voor bronzer en rouge als ik mijn make-up echt heel nauwkeurig wil aanbrengen.

- **Een grote koepelvormige borstel** om mijn basis te blenden en ervoor te zorgen dat deze gelijkmatig wordt aangebracht.

- **Een compact bufferpenseel** om te blenden.

- **Een lippenseel** geeft een zachtere definitie dan een lippotlood.

- **Een smal gehoekt penseel** om oogkleur op mijn wimperlijn aan te brengen.

Ik gebruik ook graag een spons om mijn basis aan te brengen en te blenden. Een spons moet je echter elke dag wassen. Als je denkt dat je dit niet elke dag gaat doen, is een spons niks voor jou.

Penselen moet je ook regelmatig wassen. Je kunt ook een speciale borstelreiniger kopen (die soms geen water nodig heeft en dus handig is voor onderweg), maar een milde shampoo of een zachte handzeep is prima. De gemiddelde make-upkwast bevat meer bacteriën dan onze mobiele telefoons of een doorsnee metrostation. Je wilt die vieze borstel niet in contact brengen met je kostbare producten of je zojuist gereinigde gezicht. Vergeet ook niet je make-uptas regelmatig schoon te maken.

De essentiële benodigdheden

Hier krijg ik heel veel vragen over. Hieronder vertel ik je iets over mijn basiskit. Als je deze dingen bij de hand hebt, zit je altijd goed.

1 BB-crème/getinte moisturizer met SPF
Dit pept een vermoeide huid op en strijkt een ongelijkmatige teint glad.

2 Een goede concealer en under-eye concealer
Het is de moeite waard om beide te hebben. Kies een lichte concealer die niet in de fijne lijntjes trekt en een iets dichtere concealer om roodheid te bedekken.

3 Mascara
Plus een borsteltje om je wimpers door te kammen en klontertjes te verwijderen.

4 Rouge
Heeft de kracht om je uitstraling tot leven te brengen.

5 Wenkbrauwgel
Wenkbrauwen zorgen voor structuur en definitie in het gezicht.

6 Oogschaduw die iets dieper is dan de tint van je huid
Dit omlijst je oog en creëert een vorm rond je oogholte.

7 Lippenstift om je lipkleur te accentueren
Een gemakkelijk te dragen tint die je die 'geen make-up'-look geeft.

8 Pincetten
Hoe ouder je wordt, hoe meer je deze nodig hebt voor ongewenste haartjes!

De niet-essentiële essentiële benodigdheden

Net als de niet-essentiële items die de basiskleding-stukken in je garderobe naar een hoger niveau tillen (zie blz. 243), zijn dit de extra's die je een oppepper geven en je make-up tot leven brengen.

1   **Contour en highlighter**
Veel gemakkelijker te gebruiken dan je zou denken; ze maken van je make-up iets bijzonders en stralends.

2   **Wenkbrauwpotlood**
Om je wenkbrauwen kracht bij te zetten, vooral als ze dun zijn.

3   **Oogpotlood**
Een opvallende lijn op het ooglid past niet bij iedereen, maar een subtiele aanzet op de onderste en bovenste wimperlijn kunnen je ogen transformeren en een verleidelijke uitstraling creëren.

4   **Oogschaduw die je oogkleur verbetert**
Niet dezelfde kleur als je ogen, maar een kleur die je natuurlijke kleur aanvult; het zal je ogen echt laten schitteren.

5   **Een opvallende lip**
Er is een gedurfde lipkleur voor iedereen. Zie blz. 42 als je nog niet overtuigd bent.

6   **Een beetje glinstering voor je ogen**
Het draait allemaal om licht. En nee, je bent nooit te oud voor een subtiele glinstering in je oog. Het gaat erom waar je deze plaatst.

Alles draait om de basis...

Eerst en vooral wil ik zeggen dat de kleur van je huid iets is wat je voor altijd hebt. Wat je natuurlijke huidskleur ook is, hij is mooi. Daar hoef je niets aan te veranderen.

Neem dit aan van iemand die in haar tienerjaren dikwijls heeft geprobeerd om, beplakt met een neppe huidskleur, haar acne te verbergen. Geen goed idee.

Pogingen om de tint van je huid te veranderen - met nepbruin, bronzer of een foundation in de verkeerde tint - verstoren de essentiële relatie tussen je huid, haar en ogen. Waarschijnlijk houd je rond je haarlijn altijd een lichte rand waar je huid een andere tint heeft. Deze rand maakt je gezicht ook saai.

Wat je kiest, hangt ook af van het feit of je huid eerder vettig of droog is. Mensen met een vette huid kiezen er waarschijnlijk voor om niet nóg meer glans toe te voegen met een zwaarder product. Mensen met een droge huid, voegen liever wat glans toe.

In volgorde van belang, van laag naar hoog, zijn dit producten die we als basis kunnen gebruiken:

Een *skin perfectioner* is niet veel meer dan een lichte vochtinbrengende crème met een beetje kleur.

Een getint serum bevat actieve ingrediënten en zorgt voor een lichte dekking. Het is naast je huidverzorgingsproducten een andere mogelijkheid om een huidprobleem aan te pakken.

Getinte vochtinbrengende crèmes bieden naast dekking ook een zekere mate van hydratatie, hoewel meestal niet veel met behulp van actieve stoffen.

Een zuiver dekkende foundation is de lichtste soort foundation.

Een dekkende foundation met glans is ontworpen voor een frisse look en hydrateert.

Een satijnen dekkende foundation zit ergens tussen stralend en mat in wat de mate van gloed betreft die deze aan je huid geeft.

Een mat dekkende foundation mist helderheid en het product voelt doorgaans wat dikker aan. Dit is de minst lichtreflecterende foundation en geeft de meeste dekking.

Het is belangrijk om te zeggen dat je helemaal geen basis hoeft te dragen. Je kunt gewoon een beetje concealer opdoen en je bent klaar om te gaan. Of je kunt een lichte basis aanbrengen als je gezicht een beetje moe aanvoelt.

Minder is meer in dit geval. Als je gewend bent aan een zware basis, moet je misschien wennen aan een lichtere, maar ik beloof je dat een lichtere basis met een focus op de natuurlijke tonen en licht van je huid comfortabeler en vrijer aanvoelt. Dikke foundations hebben de neiging om een gezicht plat te maken en het karakter weg te nemen.

Zo breng je de basis aan

Fase 1: breng de basis eerst aan waar je deze het meest nodig hebt. Voor de meesten van ons is dat het midden van ons gezicht, rond onze neus. Begin dus niet waar je het minder nodig hebt, anders eindig je met twee keer zoveel als eigenlijk nodig is.

Fase 2: verdeel de basis vanaf daar naar buiten. Je wilt een lichte dekking op je gezicht aanbrengen met slechts zoveel basis als nodig is om je teint te egaliseren. Hiervoor is blenden zo belangrijk. Het helpt ook om de basis in je huid te transporteren in plaats van deze er als een laagje op te leggen. Dit geeft je een goede ondergrond voor alles wat je daarna aanbrengt.

Opmerking: het kan zijn dat je slechts heel weinig dekking rond je neus en kin nodig hebt, goed vermengd met een getint serum dat je eerst op je hele gezicht hebt aangebracht.

Opmerking: wees voorzichtig onder de ogen, vooral als je een zwaarder product gebruikt en je de leeftijd hebt bereikt waarop de huid onder de ogen wat dunner is geworden. Je kunt in dat geval het best een under-eye concealer gebruiken.

Het is heel belangrijk dat je een basis en concealer in de juiste kleur voor je huid vindt. De kleur kan natuurlijk in grotere of kleinere mate veranderen, afhankelijk van het seizoen. Ook eventuele huidproblemen kunnen veranderen met het seizoen. Er zijn veel manieren om make-up online te kopen en een kleur te vinden die bij je past. Als je make-up in een winkel koopt, ga dan ook altijd naar buiten om het bij daglicht te bekijken om er zeker van te zijn dat het de goede kleur is.

Concealer

Onder het oog:

De huid onder je oog is kwetsbaarder en heeft minder olieklieren. Misschien heb je hier ook meer fijne lijntjes en wat wallen. Zoek in dat geval naar een lichtere, romige consistentie die je makkelijk kunt aanbrengen en met je huid meebeweegt. Under-eye concealers die worden beschreven als '*buildable*' kunnen in laagjes worden aangebracht om meer dekking te geven op dagen waarop je dit nodig hebt.

Maak de huid onder het oog niet veel lichter. Jaren geleden, toen YSL's Touche Éclat voor het eerst op de markt kwam en pennen helemaal in waren, werden we aangemoedigd om voor het gebied onder de ogen voor een veel lichtere concealer te kiezen als een manier om donkere kringen tegen te gaan. Persoonlijk ben ik geen voorstander van deze pandalook; het effect is dat het gezicht geen geheel meer vormt. Als je echt heel donkere kringen hebt, kun je proberen om in de hoeken, het dichtst bij je neus, een iets lichtere concealer aan te brengen. In alle andere gevallen moet een concealer dezelfde kleur hebben als je foundation en dezelfde kleur als je gezicht.

Vlekken, roodheid en hyper-pigmentatie wegwerken:

Op andere plaatsen op je gezicht heeft het aanbrengen van een dikkere concealer die goed blijft zitten meer effect. Als je een opvallende vlek wilt verbergen, heb je iets nodig wat vol pigment zit en robuust is.

Maar een concealer gaat niet alleen over het verbergen van dingen die we niet leuk vinden. Een aantal lichtere concealers kunnen ons een gelijkmatige gelaatskleur geven. Sommige vrouwen gebruiken nog maar weinig basis of schakelen over naar iets lichters als de concealer goed is aangebracht.

Wrijf het altijd in je huid. Laat het er nooit gewoon op zitten.

Bronzer

Als je voor een minimalistische benadering van make-up gaat, vind je misschien dat een bronzer niet nodig is. Of als je een diepe of bleke huidskleur hebt, heb je in het verleden misschien ooit een *one-size-fits-all*-kleurtje geprobeerd en vond je dat die je niet goed stond. In dat geval ben je mogelijk wat huiverig om het nog eens te proberen.

Er is een groot verschil tussen een natuurlijk ogende cream bronzer die in verschillende tinten verkrijgbaar is en de oranjeachtige, glanzende kleurtjes waar je misschien aan denkt bij het horen van het woord bronzer.

Een echt goede bronzer voegt een vleugje zonovergoten, gezonde gloed toe die met een kleine veeg diepte toevoegt, zonder haast merkbaar te zijn. Het is een hardwerkend product dat je in slechts enkele seconden aanbrengt. Om de juiste tint te vinden, moet je rekening houden met het kleurtje dat je krijgt als je wat zon hebt gehad, als je tenminste bruin wordt. Je wilt een kleur die een paar tinten donkerder is dan je foundation. Het is essentieel dat je producten met veel glans vermijdt. Ga in plaats daarvan voor een subtiele helderheid.

Bronzer breng je aan op de 'high points' van je gezicht, daar waar je ook de zon zou willen vangen. Breng een kleine hoeveelheid aan op je vinger en teken vanaf je slaap een C-vorm die eindigt in lijn met de hoek van je oog. Dan nog een van daaruit over de bovenkant van je jukbeenderen - als het cijfer drie aan elke kant van je gezicht. Breng nog een veeg aan op je neus en het midden van je kin en verdeel het met een borstel of schone vingers.

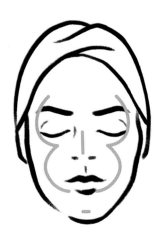

Rouge

Rouge zorgt voor een onmiddellijke levensblos zoals niets anders dat kan. Het gaat erom dat je nét voldoende op de juiste plaatsen aanbrengt.

Rouge breng je niet alleen op je wangen aan. De meeste vrouwen blozen van nature ook lichtelijk op het voorhoofd en de neus, dus een lichte veeg op deze plaatsen draagt bij aan die 'net een stevige wandeling gemaakt'-blos.

Er zijn verschillende soorten rouge in de handel:

Rouge in crèmevorm is veruit mijn favoriet. Je brengt deze gemakkelijk en snel met je vingers of een kwastje aan en het blijft natuurlijker op je huid zitten. Het houdt ook goed gedurende de dag.

Vloeibare rouge geeft een vleugje kleur, een beetje zoals een vlek. Het heeft de neiging om snel te drogen, dus je moet het met een kwastje of je vingers aanbrengen. Er is weinig ruimte om fouten te maken en je hebt maar heel weinig nodig.

Voor **poederblushes** heb je ook een kwast nodig. Ze kunnen mat zijn of een lichte glans hebben. Ze zijn vrij eenvoudig aan te brengen en te verdelen, maar als het eenmaal is aangebracht, blijft het niet altijd op zijn plek. Soms verdwijnt het in de basis en moet het later op de dag opnieuw worden aangebracht of hecht het zich aan droge gebieden en worden deze benadrukt. Soms geeft het een wat vlakke uitdrukking.

Als je wat roodheid in je huid hebt die je wat verzacht met een concealer of basis, wil je misschien niet alsnog een rouge aanbrengen. Toch kan deze natuurlijk ogende blos heel flatterend zijn zolang je de rouge op de juiste plek en in de juiste tint aanbrengt. Hoewel je met een basis een gevoel van egaliteit wilt creëren, wil je ook je natuurlijke tinten behouden om je gelaatstrekken niet af te vlakken.

Houd je lippen in dezelfde toon als je rouge, zodat er continuïteit is. Zie blz. 18 voor de vorm van je gezicht.

Vierkant

Hartvormig

Rond

Ovaal

Lang ovaal

Als je een smal gezicht hebt, breng rouge dan aan op de voorkant, op de appeltjes van je wangen. Als je gezicht wat breder is, kun je het iets verder naar de zijkanten uitwrijven. Als je vindt dat het de vorm van je gezicht omlaaghaalt, heb je het te laag toegepast. Het moet je gezicht juist een lift geven.

Highlighter

Terwijl een bronzer je huidskleur meestal verdiept alsof je net terug bent van vakantie, heeft een highlighter altijd dezelfde kleur als je huid. Hiermee breng je licht en helderheid over. Vermijd ook hier producten die glanzen. Je gaat voor een frisse uitstraling, niet voor een Disneyprinses. Een highlighter op crèmebasis voelt subtieler aan dan een poeder.

Als je nooit eerder een highlighter hebt gebruikt, begin dan weer met die C-vorm, maar nu vanuit je slaap, rond je oog en over de bovenkant van je jukbeen. Als er een botsing is met je blos, zit je met je rouge te hoog of je highlighter te laag. Meng om een zachte focus te krijgen, zonder streepeffect.

Liftend effect

Blij met het effect? Je kunt ook een kleine hoeveelheid direct boven en onder de wenkbrauwen proberen voor een subtiele lift, en een superlichte touch onderaan in het midden van je neus en in de cupidoboog. Overdrijf niet, want dan verpest je alles. Focus je op de gebieden waar het licht van nature op je gezicht valt (ga bij het raam staan om te zien waar dit is) en experimenteer totdat je een subtiele maar stralende gloed hebt bereikt.

Stap 1

Stap 2

De ogen

De focus van ons gezicht - ons belangrijkste kenmerk en datgene wat we het meest willen doen opvallen.

Als we een kledingstuk dragen met een print die te opvallend is, is dat merkbaar omdat onze ogen verdwijnen. Het zijn onze ogen waarop we bijna altijd de focus willen leggen.

Onze ogen veranderen naarmate we ouder worden - of beter gezegd, de vorm en textuur van de huid rondom onze ogen veranderen. Het is dan ook belangrijk dat je je bewust bent van wat het beste is voor de vrouw die je nu bent. Je kunt op elke leeftijd een kleurtje op je oogleden aanbrengen. Het gaat erom dat je het doet op een manier die voor jou werkt.

Make-up voor hangende oogleden

Als je last hebt van hangende oogleden, hangt de huid onder de wenkbrauw enigszins over het ooglid. Dit is veruit de meestvoorkomende oogvorm. Velen van ons zijn ermee geboren of onze ogen krijgen deze vorm met de leeftijd. Er is niks mis mee. Er zijn enkele manieren om ze er meer open en opgeheven uit te laten zien.

- Als je enigszins vettige oogleden hebt, merk je waarschijnlijk dat er zich in de plooi wat vet ophoopt. Begin daarom met een matterende primer zodat je oogschaduw zich ergens aan kan hechten.

- Om zwaarte te voorkomen, kies je een lichtere tint voor de binnenhoek van het ooglid en een donkerder tint voor de buitenkant. Als je maar één kleur gebruikt, bouw deze dan op van binnen naar buiten.

- Verdeel de kleur tot vrij hoog onder je wenkbrauwbot om de plaats waar de plooi zit visueel te veranderen. Verdeel goed zodat de scheiding niet te hard is.

- Zorg dat de kleur in de buitenste ooghoek omhoog naar je voorhoofd oploopt en niet afloopt, waar het je oog omlaag zal trekken. Verdeel de kleur met je ringvinger richting de slapen.

- Als je wilt, kun je net onder het midden van je wenkbrauw een beetje highlighter aanbrengen.

Eyeliner

Een eyeliner kan veel dingen zijn. Het kan rock chic cool zijn, met een vlekkerig en sexy smokey eyes; het kunnen creatieve lijnen en heldere kleuren zijn om individualiteit uit te drukken; een Frans verfijnd accent, of helaas ook iets wat je veel ouder maakt dan je bent.

Laten we met dat laatste beginnen. Als je de vijftig bent gepasseerd, heeft een harde eyeliner het effect dat het je ogen dichter en kleiner doet lijken, terwijl we juist willen dat onze ogen open zijn, om ons een energieke en wakkere uitstraling te geven.

Als je in de dertig of veertig bent en je nog helemaal happy bent met een veeg vloeibare eyeliner en je daar nog geen afstand van wilt doen, dan is dat absoluut prima. De manier waarop we onze make-up aanbrengen, is een belangrijk onderdeel van onze persoonlijkheid. Maar als je in de loop van de jaren wat zwaardere oogleden hebt gekregen, is dit misschien het moment om deze look los te laten. Heb je er wel eens over gedacht om met iets zachters te experimenteren? Als je een kohl eyeliner gebruikt, wat dacht je er dan van om deze te blenden voor een subtielere look? Misschien is dit het moment om jezelf uit te dagen.

Ik gebruik soms een metallic potlood rondom mijn binnenste ooghoek om mijn oogopslag wat frisser te maken.

Telkens wanneer ik een eyeliner gebruik, doe ik een vleugje concealer onder mijn ogen en veeg het omhoog naar de buitenste hoeken van mijn wenkbrauwen om ervoor te zorgen dat niets mijn gezicht of ogen omlaagtrekt.

Houd van je huid

Open
je ogen

Voor

Na

Ik borstel mijn
wenkbrauwen
omhoog om ze
volume te geven
en mijn ogen te
openen.

Een harde zwarte
eyeliner trekt het
oog omlaag en
laat het kleiner
lijken.

Op een heel
zachte manier
gebruik ik een
zwarte eyeliner
die ik licht
verdeel langs
mijn wimperlijn
om mijn wimpers
dikker te laten
lijken, niet zozeer
om een lijn te
trekken. Hiermee
krijgen mijn ogen
een meer open
blik en lijken
ze alerter en
helderder.

Wimpers

Laten we even teruggaan naar de basis, want het is altijd goed om ervoor te zorgen dat we de eenvoudige dingen niet vergeten.

- Verwaarloos de fijne haartjes aan de binnenkant van het oog niet. Zorg dat zij ook een vleugje mascara krijgen.

- Breng het product in de wimperwortels aan om ze volume te geven. Draai de borstel bij de wortel voordat je de borstel door de wimpers trekt.

- Mascara droogt snel, dus werk aan één oog tegelijk.

- Voor de afwerking zorg je ervoor dat restjes mascara van het borsteltje zijn verwijderd en raak je met het borsteltje zachtjes de onderste wimpers aan.

- Kam je wimpers met een wimperkam voordat de mascara is opgedroogd, om de wimperhaartjes te scheiden en eventuele klontertjes te verwijderen.

Mascara is een product met een kortere houdbaarheid. Als je merkt dat de mascara dikker en klonteriger is geworden, is het tijd voor een nieuwe. Als de mascara niet meer prettig ruikt, is hij bedorven. Door het borsteltje in en uit de houder te 'pompen', laat je zuurstof uit de formule vrij waardoor de mascara sneller uitdroogt. Probeer dit dus te vermijden.

Wimperserums

Goede wimperserums werken wel. Let wel: ze kunnen je wimpers onder verschillende hoeken laten groeien en ze kunnen irriteren als je gevoelige ogen hebt. Let op, sommige bevatten kleurstof. Als iets daarvan op je huid terechtkomt, kan het lijken alsof je donkere kringen hebt. Doe wat onderzoek en zoek een serum dat echt werkt.

Wimperextensions

Als je wimpers laat zetten door een ervaren professional die zijn verantwoordelijkheid neemt voor de gezondheid van jouw wimpers is dat een gemakkelijke manier om er altijd geweldig uit te zien. Laat nooit meer dan één haarextension op één eigen haartje zetten, en over het algemeen nooit een extension die 2 mm langer is dan je natuurlijke wimperlengte. Er zijn verschillende soorten en een goede professional kijkt naar de vorm van je oog om het mooiste resultaat te bepalen.

Wenkbrauwen

Wenkbrauwen omlijsten het gezicht. Zelfs als ons gezicht zachter wordt, geven onze wenkbrauwen nog steeds structuur. Kleine veranderingen aan je wenkbrauwen kunnen een groot verschil maken.

Als je het slachtoffer bent geweest van de kaalpluktrend uit de jaren negentig en begin deze eeuw, heb je misschien niet meer zulke volle wenkbrauwen als je zou willen. Of misschien ben je zo gewend aan deze smalle vorm dat je het wat spannend vindt om hier verandering in aan te brengen.

Twee dingen: ten eerste, als je wenkbrauwen dikker zijn bij je neus en dunner aan de buitenranden, kan dit bijdragen aan een 'gefronst voorhoofd'-effect. Een gelijkmatigere breedte kan dit misschien in evenwicht brengen en ervoor zorgen dat opkomende fronslijnen minder opvallen.

Een tweede factor is de ronding van je wenkbrauw. Sommige vrouwen zien er geweldig uit met een hoge boog maar als de buitenrand te veel in een neerwaartse boog valt, kan het je hele oogvorm omlaagtrekken. Als jij dan ook nog wat schaduw onder je ogen hebt, zorgt dit voor een vreemde cirkel om je oog. Vaak geeft een rechtere lijn, waarbij de boog wordt verlaagd, een gelift effect.

De enige waarschuwing hier is dat je niet wilt dat je wenkbrauwen zo zwaar zijn – qua maat en kleur – dat dit het eerste is wat iemand opvalt als hij of zij naar je gezicht kijkt. Wenkbrauwen bieden architectuur, maar de focus moet altijd op de ogen zelf liggen.

Pak een wenkbrauwpotlood en experimenteer voor de spiegel. Je kunt zware, extra grote wenkbrauwen tekenen als je wilt, gewoon om een idee te krijgen welk effect veranderingen in de wenkbrauwvorm op je gezicht hebben. Als je graag wat advies of een frisse kijk wilt, bezoek dan eens een *brow bar* (vergeet niet eerst de getekende wenkbrauwen eraf te halen).

Wenkbrauwgel

Dit voelt een beetje aan als mascara voor je wenkbrauwen, niet in de laatste plaats omdat het staafje een kleinere versie lijkt van het borsteltje waarmee je je mascara aanbrengt. Het is heel gemakkelijk te gebruiken, voegt definitie toe, temt weerbarstige wenkbrauwen en helpt bij het bedekken van dunbehaarde plekjes. Het is belangrijk dat je eerst tegen de groeirichting van de haartjes in werkt, dan de andere kant op om het netjes te maken en ervoor te zorgen dat beide zijden met het product zijn bedekt.

Kleuren

Als je lichte wenkbrauwen hebt, wil je ze misschien laten verven. Als je dit nog nooit hebt geprobeerd, is het belangrijk te beseffen dat je met verven alleen kunt versterken wat er al is. Lichtere wenkbrauwen kunnen er voller uitzien omdat de haartjes zichtbaarder worden, maar met deze techniek kun je geen onbegroeide plekjes vullen. Zorg dat de persoon die je wimpers verft de juiste kleur mengt. Vermijd het gebruik van te veel kleurstof in het midden en een nadruk op wat er al is. Als je grijze wenkbrauwen hebt, ga dan naar iemand die daar voldoende ervaring mee heeft.

Microblading

Microblading is een techniek waarbij een specialist in principe kleine lijntjes op je wenkbrauw tatoeëert om gaten op te vullen of dunne wenkbrauwen voller te maken. Voor mensen die hun wenkbrauwen zijn kwijtgeraakt door een chemokuur of een medische aandoening, kan dit een enorm verschil maken voor hoe ze zich voelen. Het effect houdt één tot anderhalf jaar aan. Het duurt echter een paar weken voordat je wenkbrauwen zijn genezen van de behandeling. Na de behandeling moet je het gebied geheel droog houden en je hebt af en toe een *touch-up* nodig.

Het is enorm belangrijk dat je elke procedure die een permanent of semipermanent effect heeft, uiterst grondig onderzoekt. Ga alleen naar iemand met veel ervaring. Als iemand niet weet wat hij doet, bestaat het risico dat als het pigment vervaagt, het een beetje oranje of zelfs groen wordt. Zoek een specialist. *Microshading* is een vergelijkbare procedure, maar in plaats van lijnen, tatoeëert de specialist kleine stippen zodat de aanwezige haartjes wat dikker lijken.

Goede wenkbrauwen geven structuur aan je gezicht

Probeer een opvallende lip

Een *statement lip* creëert aanwezigheid. Naar de achtergrond verdwijnen is geen optie. Met een gedurfde lip wil je gezien worden. Het is ook een fantastische stemmingslifter. Als je nooit een *statement lip* hebt geprobeerd, waarom is dat dan?

Misschien vind jij je eigen lippen te dun of je tanden te geel; of maak je je zorgen dat je lippenstift uitloopt of op je tanden terechtkomt. Wat de reden ook is, probeer het gewoon eens. Kleur brengt energie en straalt vertrouwen uit (zie blz. 42).

Het is belangrijk om je lippen in goede conditie te houden. Exfolieer je lippen en smeer er een goede balsem op als ze droog zijn. Je kunt hiervoor een oude tandenborstel gebruiken of speciale aandacht aan je lippen besteden met een zachte doek. Gebruik geen lipproducten die munt of alcohol bevatten; die drogen je lippen uit.

Lipkleur aanbrengen

Het kan zijn dat je een statement lip niet wilt proberen uit angst dat het te brutaal overkomt. Het klopt dat een zware lipliner je ouder doet lijken. Als je graag een strak lijntje wilt, kun je beter een smal lippenseel gebruiken om je lippen te omlijnen. Voor een zachtere look gebruik je je vinger om de lipkleur in je lippen te deppen en de laagjes op te bouwen tot je het gewenste effect hebt.

Let op de vorm van je lippen. Als je heel dunne lippen hebt, duw je de kleur naar voren en trek je deze niet helemaal door naar de hoeken. Als je erg volle lippen hebt, wil je de kleur misschien nét binnen de lijntjes houden. Gebruik een goede lipkleur die niet te vettig is, dep de kleur in je lippen en breng de kleur niet te dik aan.

De rest van je make-up

Met een statement lip houd je je ogen bij voorkeur bescheiden en neutraal, zodat de twee niet om aandacht vechten. Als je voor een warme lipkleur kiest, moet ook je oogmake-up warm zijn. Combineer een bronsachtige of gouden kleur met een warme rode lip. Een coole rode lip ziet er geweldig uit met een subtiele zilveren oogschaduw. Je moet een sterke lip ook in balans houden met sterke wenkbrauwen; anders gaat alle aandacht naar je lippen.

Een neutrale lip

Bleke neutrale lippen

Als je ook maar één tint te licht kiest, verbleekt je hele gelaat en ziet je gezicht er vlak en lusteloos uit.

Een neutrale lip in jouw lipkleur

Gebruik in plaats daarvan een liptint die één tint donkerder is dan je lippen. Hiermee breng je je hele gezicht tot leven en ziet je totale make-up er beter uit.

Een rode lip

Ik draag geen oogschaduw die botst met mijn lippen. In plaats daarvan heb ik een oogschaduw gebruikt die helpt om mijn ogen te omlijsten en diepte te creëren. Ik heb veel mascara aangebracht om mijn ogen te omlijsten en balans aan mijn gezicht toe te voegen.

Als je niet zeker weet welke tint rouge je moet gebruiken, kun je valsspelen door een klein beetje lippenstift op je gezicht aan te brengen. Breng dit lichtjes aan op je wangen en je weet zeker dat je de juiste tint hebt.

Rode lippen geven mij altijd zelfvertrouwen. Zoals met alles hangt het voornamelijk af van jouw huidtype, of je koele of warme ondertonen hebt (zie blz. 28). Als we het over rode lippen hebben, geldt in het algemeen dat tinten met een blauwe ondertoon het meest geschikt zijn voor koele typen en tinten met een oranje basis beter zijn voor warme typen. Zie blz. 40-45 voor mogelijke lip-, wang- en oogcombinaties.

Nachtelijke glamour

Voor mij is nachtelijke glamour wanneer ik in de spiegel een gezicht zie waarop niet af te lezen is dat ik een vermoeiende dag achter de rug heb. Ik kijk in de spiegel en ik voel me sexy en vol vertrouwen. De vraag is, hoe bereik je dat?

1 **Voorbereiding is essentieel.** Verwijder je dagmake-up, voer je huidverzorgingsroutine opnieuw uit en geef je gezicht een massage. Hiermee maak je je huid wakker en klaar om te stralen.

2 **Straal.** De ultieme glamour is een stralende huid. Om deze subtiele gloed vanuit je huid te krijgen, breng je je highlighter vóór de basis aan. Ik doe dat ook met contour; alles ziet er gewoon zachter uit.

3 **Het draait allemaal om de ogen.** Het zijn je ogen die de hoofdrol spelen. Begin met het aanbrengen van de lichtere tint, breng een laagje aan over je ooglid tot in de oogkas en een beetje eroverheen. Gebruik een kleine, platte borstel om een lijntje onder je onderste wimperlijn en vanuit het midden ook boven je bovenste wimperlijn te trekken, zodat de lijnen samenkomen in de buitenste hoek van je oog. Ik voeg een heel klein beetje glinstering toe aan de binnenkant van mijn bovenste en onderste wimperlijn om mijn ogen te laten spранkelen.

4 **Lippen moeten gekust kunnen worden.** Ze komen op de tweede plaats, maar je mag ze absoluut niet verwaarlozen. Kies voor een neutrale tint, een tint dieper dan je natuurlijke lipkleur. Het kan een matte kleur zijn om de vorm te definiëren, waarna je een product met een klein beetje glans gebruikt dat je in het midden van je lip aanbrengt. Voeg ook een vleugje glans toe aan je rouge voor de extra glinstering.

In make-up bestaat geen one-size-fits-all

VRAAG JEZELF AF:

1 Gebruik je al meer dan tien jaar dezelfde producten?

2 Heb je nog nooit make-up gedragen en weet je niet goed waar je moet beginnen?

3 Wanneer jij make-up opdoet, in welke mate is de textuur (d.w.z. de poeders) dan zichtbaar?

4 Heb je de afgelopen tien jaar je favoriete lipkleur veranderd?

5 Past je foundation bij je huidskleur?

DAAG JEZELF UIT

1 Ons gezicht verandert bij het ouder worden en dus moeten we de producten die we gebruiken en hoe we deze aanbrengen ook aanpassen. Bekijk elke tien jaar wat er in je la ligt, bekijk dan de elementen van je gezicht die veranderd zijn en vernieuw je producten zodat je zeker weet dat je er altijd op je best uit zult zien.

2 Als je nooit eerder make-up hebt gedragen, begin dan rustig. Probeer een BB-crème om te zien hoe je gezicht kan stralen of investeer in een rouge om je misschien wat blekere teint op te halen. Of je kunt ook één product kopen dat je op je lippen, wangen en ogen kunt gebruiken en daarmee experimenteren. Kies alleen uit de kleuren die bij je passen (zie blz. 15).

3 Misschien is het nu beter om van een rouge op poederbasis over te stappen naar een crème. Je zou zelfs een lippenstift als rouge kunnen gebruiken. Probeer dit de volgende keer dat je make-up opdoet en ontdek dat de crème niet op je huid ligt maar er deel van wordt.

4 Ook de kleur van onze lippen verandert met de tijd. Wat ons tien jaar geleden goed stond, is nu misschien te overheersend. Als je de kleur mooi vindt, kun je kijken of je hem kunt krijgen in een tint die nu bij je past. Mijn advies is altijd om een neutrale kleur te kiezen die één tint donkerder is dan je huid om wat contrast toe te voegen.

5 Het is essentieel dat je de juiste kleur foundation voor jouw huid uitkiest. Houd van je huid en probeer hem niet te verstoppen; je moet hem juist accentueren. Een foundation die eerder goed zijn werk deed, doet dat nu misschien niet meer. Hij kan gaan klonteren en lijntjes zichtbaarder maken. Gebruikte je altijd veel make-up, dan zou je nu moeten overwegen om een lichter product te kiezen en het lichter aan te brengen.

DURF MET STIJL

STIJL

KLEUR BRENGT

BRENGT

LEVEN

Waarom is kleding belangrijk?

Welke outfit je 's morgens uitkiest, draait om veel meer dan de kleding zelf. Wat we dragen heeft de kracht om ons meer zelfvertrouwen, energie en plezier te geven.

Kleding kan ons helpen om volledig de vrouw te worden die we willen zijn en ervoor zorgen dat we dat sneller bereiken. Maar het is ook een emotionele kwestie en soms werpen we daardoor obstakels op die ons verhinderen om te laten zien wie we echt zijn. Ik wil je met dit boek juist uitdagen om dat wel te doen.

Ik heb nu veel meer zelfvertrouwen dan toen ik een twintiger was, en er zijn nog wel eens dagen waarop ik wakker word en minder zeker van mezelf ben. Bijvoorbeeld wanneer ik voor mijn werk een bepaalde indruk moet maken. Op die dagen draag ik dan iets waardoor ik heel aanwezig ben in de ruimte. Daarmee krijg ik een momentje om de juiste woorden te vinden, even tot mezelf te komen en me op mijn gemak te voelen. Vroeger legde ik twintig outfits op bed en vroeg me af: 'Wie ben ik vandaag?' Nu denk ik: 'Welk deel van mezelf wil ik overbrengen? Wat wil ik vandaag in deze kamer laten zien?'

Misschien ben je een nieuwe fase in je leven begonnen en weet je nog niet hoe je die in moet vullen. Of je voelt je een beetje verloren en onzeker over wat je goed staat. Op zo'n moment moeten we de touwtjes in handen nemen en een manier daarvoor is om je doelbewust te kleden. Ik heb duizenden vrouwen over de hele wereld een make-over gegeven en steeds opnieuw gezien dat het zelfvertrouwen opbloeit als we omarmen wie we willen zijn en de kleren dragen die deze persoon tot leven brengen.

Door de kleding die we dragen, kan onze angst verdwijnen

VOEL JE GEÏNSPIREERD

In dit hoofdstuk wil ik je inspireren na te denken over hoe je je kleedt en om daar anders tegenaan te kijken.

Wanneer we elkaar in levenden lijve zouden ontmoeten, zou ik je vragen na te denken over jouw stijl tot nu toe, en dat doe ik hier ook.

Het draait om zoveel meer dan kleding.

Als je je zonder angst kleedt, zul je verbaasd staan van de reacties die je krijgt van de mensen in je leven en van het feit dat je je compleet anders voelt.

We hebben associaties en vooroordelen over onze kleding, zelfs zonder ons er bewust van te zijn. Soms gaat het gewoon om onze persoonlijke voorkeuren maar het kunnen ook emotionele blokkades zijn die ons verhinderen ons te kleden als de vrouw die we aan de wereld willen laten zien.

Ik zal je in dit hoofdstuk leren hoe je de juiste kleuren kunt kiezen en je laten zien hoe je een outfit naar een hoger niveau kunt tillen en oude kleren nieuw leven in kunt blazen. Als je begrijpt hoe je je nu kleedt, kun je de volgende nieuwe uitdaging aangaan om jezelf met vreugde en zonder angst te presenteren.

Wat is jouw stijl?

Wanneer ik een vrouw voor het eerst ontmoet kan ik altijd een aspect van wie ze is doorzien door de manier waarop ze zichzelf presenteert en wat ze draagt.

Er zijn naast smaak of een duidelijke voorkeur veel redenen waarom we bepaalde kleren uitkiezen. Ik vraag me af wat jou heeft gebracht tot waar je nu bent.

Voor je begint

Laten we een stapje terug doen en ons afvragen wat er achter jouw stijlkeuzes schuilgaat. Het is heel belangrijk om dit te weten en te begrijpen wanneer je besluit dat je wilt veranderen. Als iets je tegenhoudt moeten we eerst ontdekken wat dat is, zodat we de weg die jij wilt afleggen kunnen vrijmaken.

Ik kom vaak bepaalde overtuigingen en onzekerheden tegen die beïnvloeden wat voor kleding we kiezen.

Hoe zie jij jezelf?

Ik heb heel vaak vrouwen ontmoet die het meest extreme aspect van hun persoonlijkheid verbergen om te voldoen aan het beeld dat de wereld volgens hen van hen heeft. Daarom vraag ik je nu, waar geef jij jezelf wat ruimte? Waar onderdruk jij je stijl? Ik weet dat de angst voor kritiek soms overweldigend kan zijn.

Op de volgende bladzijden heb ik vijf aspecten met betrekking tot kleding beschreven die je zullen helpen te begrijpen hoe jij op een emotioneel niveau met je lichaam communiceert. Ze omvatten absoluut niet alle kledingstijlen; het zijn slechts enkele belangrijke elementen.

Jouw stijl-gewoonten

We gebruiken onze kleren om verschillende aspecten van onze persoonlijkheid te tonen.

Misschien ben jij net als ik en gebruik je enkele van deze elementen, afhankelijk van wat de dag brengt en van hoe je je voelt. De vraag die je jezelf moet stellen is: gebruik je die te vaak? Verberg je op die manier wie je echt bent voor de buitenwereld? We kunnen ervoor kiezen dat ons lichaam bepaalt hoe we ons kleden, of we kunnen kiezen hoe we ons lichaam willen zien en ons kleden om het te complementeren. Als je elke dag van de week dezelfde look draagt, is het tijd om een dag per week iets nieuws uit te proberen zodat je langzaam maar zeker je vertrouwen in en je positieve relatie met je lichaam kunt opbouwen.

De draagster van maxi-kleding

Soms is volume mooi en stijlvol, maar het kan ook worden gebruikt als een manier om je emotionele relatie met je lichaam te verbergen. We kunnen ervoor kiezen ons zo te kleden omdat we ons er prettig in voelen, maar je zou deze look niet moeten gebruiken om de delen van jezelf die je misschien niet mooi vindt te verhullen. Meestal zijn we onze eigen ergste critici. Je moet leren om meer van jezelf te laten zien en meer te durven. Probeer het eens met laagjes (zie blz. 272) en draag geen volumineuze kleren zonder vorm.

De intellectueel

Ik heb veel vrouwen ontmoet die zeggen dat het voor hen niet belangrijk is hoe ze zich kleden, of dat ze niet geïnteresseerd zijn in mode. Velen van hen hebben een baan waarin een uniform wordt gedragen. Maar je zou altijd moeten nadenken over hoe je jezelf presenteert. Sta jezelf toe om kleding te zien als een verlengstuk van je persoonlijkheid, een manier om je kwetsbaarheid te tonen. Het is de moeite waard te experimenteren (probeer de voorbeelden op bladzijde 290) en het zou zelfs een leuke passie kunnen worden.

Warm en knus

Na de pandemie is casual en comfortabel een veel belangrijkere manier van kleden geworden, omdat comfort heel belangrijk is geworden. Als we lange tijd een bepaald type kleding dragen, kan het echt een uitdaging zijn om de lat wat hoger te leggen. Er is niks mis mee om eruit te zien alsof we net uit de sportschool komen, maar je doet jezelf tekort als je dat elke dag doet. Als je je het prettigst voelt in een joggingbroek en een T-shirt, zou je eens aan luxe sportkleding kunnen denken. Begin daarmee als basis en voeg dan klassiekere elementen toe zoals bijvoorbeeld een T-shirt met een lange zijden rok of een getailleerd colbertje gecombineerd met een joggingbroek.

Luid maar terughoudend

Deze tegenstrijdige woorden zijn soms absoluut op mij van toepassing. Het kan geweldig zijn om felle kleuren te dragen omdat ze anderen zo aanspreken, maar ze kunnen ook worden gebruikt om je te verstoppen. Op dagen waarop ik me minder zelfverzekerd voel, kies ik vaak voor de meest opvallende outfits om te verbergen hoe ik me voel. In plaats daarvan wil je kleding dragen die je een goed gevoel geven. Daarom kan het dragen van de juiste kleurtinten en contrasten echt een groot verschil maken in hoe je eruitziet en hoe je je voelt (zie blz. 210), en je onbevreesde kledingstijl naar een hoger niveau tillen.

De vrouw met vertrouwen in haar lichaam

Ik wil dat ieder van jullie zo'n vrouw wordt en dat je je lichaam liefhebt en accepteert. Je zou je lichaam altijd moeten begrijpen en waarderen en ja, je zou ermee moeten pronken. Dit betekent niet dat je veel bloot moet laten zien. Het draait erom dat je kleding kiest die zowel je lichaam als je persoonlijkheid laat zien. Als je lichaamsvormen met de jaren veranderen, kan ook je kledingstijl wijzigen, maar ik wil dat je zelfvertrouwen groot blijft.

VRAAG JEZELF AF:

1 Brengen je kleren je persoonlijkheid tot leven?

2 Zie jij kleren als een manier om je te verstoppen?

3 Verveelt de manier waarop je je kleedt je soms?

4 Word je vrolijk van de manier waarop je je kleedt?

5 Hoe vaak reageren mensen op je outfit of vragen ze je waar hij vandaan komt?

DAAG JEZELF UIT

1 Kijk in je kledingkast en vraag jezelf af of je veel items in dezelfde stijl koopt. Daag jezelf uit om dat een jaar lang niet te doen.

2 Als je elke dag dezelfde stijl draagt, daag jezelf dan een maand lang uit om één dag per week iets nieuws te proberen. In de tweede maand doe je dit twee dagen per week, in de derde maand drie dagen, enzovoort. Verbreed je stijl door enkele andere kledingstijlen uit te proberen (zie blz. 290).

3 Er kan een groot verschil zitten tussen hoe we denken dat anderen ons zien en hoe we daadwerkelijk gezien worden. We hoeven ons niet te verbergen. Als iemand je een compliment geeft, schrijf het dan op en herinner jezelf eraan wanneer je dat nodig hebt. Besef dat mensen opmerken wanneer we ons best doen om onszelf goed te presenteren.

Wie denk jij te zijn?

Het is verleidelijk om terug te vallen op oude favorieten waarin we ons veilig voelen maar zij dagen ons niet uit met de vraag: wie willen we echt zijn?

Als we meer zelfkennis hebben, hoeven we ons in onze kledingkast niet te laten afleiden. We willen bereiken dat we die kastdeuren opendoen en een rij kleren zien hangen die passen bij wie we zijn, waarvan we weten hoe we ze kunnen combineren en waardoor we ons zelfverzekerd voelen als we ze aantrekken. Als we de dingen wegdoen die hier niet aan voldoen en de dingen houden die dat wel doen, ontdekken we hoe gemakkelijk het is om ons te kleden. Voor sommigen van ons zal het nog een hele klus zijn om dat punt te bereiken, maar voor iedereen begint het proces met het loslaten van de oude jij.

De meesten van ons dragen 20% van onze kleding in 80% van de tijd

Het zit hem in de details: halslijnen

Hier loont het echt om op details te letten. Een mooie halslijn kan een outfit maken of breken. Als je weet wat jou goed staat zul je met meer zelfvertrouwen winkelen of een outfit samenstellen.

Ik krijg veel vragen over halslijnen en daarom heb ik hier opgenomen welke het minst en het meest bij jou passen. Normaal gesproken zou ik deze termen niet gebruiken, maar hier doe ik het wel omdat de geschiktheid van een halslijn verandert wanneer je ouder wordt. Voorheen concentreerde ik me vooral op de vorm van de borsten, maar ik ben nu van mening dat de halslijn de grootste invloed heeft op hoe we ons uiteindelijk voelen.

Hier moet je rekening mee houden:

De grootte van je borsten

De breedte van je schouders

De vorm van je gezicht

De lengte van je hals

Hier volgen enkele principes die ik toepas als ik mezelf en andere vrouwen style. Ik wil je vragen je kledingkast door te spitten, voorbeelden van verschillende halslijnen tevoorschijn te halen en te beslissen welke jou het beste staan en waarom.

Boot

Een hoge boothals, vooral in een horizontale streep, is geweldig om smalle schouders breder te laten lijken en vrouwen met brede heupen geproportioneerder te laten lijken.

Diepe V

Dit staat iedereen goed. De diepe V staat goed bij smalle schouders en bij iedereen met grotere borsten omdat hij de lijn van de hals optisch langer maakt en daarmee voor meer gebalanceerde rondingen zorgt. Als de huid van je hals of borst is veranderd naarmate je ouder bent geworden, kun je deze stijl beter overslaan.

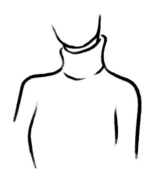

Halter

Een halternek is een geweldige manier om je sexy en onbevreesd te voelen. Hij is vooral geschikt voor vrouwen met kleine borsten en brede schouders. Vanwege de lijnen lijken je borsten optisch groter en omdat de lijnen ook de horizontale lijn van je schouders doorbreken, lijkt je bovenlichaam smaller en langer.

Polohals

Als je grotere borsten hebt, draag deze stijl dan met een jasje of met een lange ketting om het stofoppervlak te onderbreken. Boven de vijftig kun je beter geen coltrui meer dragen omdat hij geen structuur aan je hals toevoegt en je daardoor ouder kunt lijken.

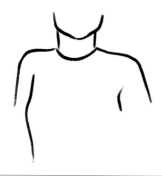

Rond

Een ronde hals is een stijl die iedereen kan dragen omdat deze flatteert en structuur rond het gezicht aanbrengt. Het is leeftijdsloos. Als je grotere borsten hebt, zou je een jasje kunnen dragen om de lijn te doorbreken en de look te verfraaien.

Wijde hals

Een wijde ronde hals is de enige halslijn die de meeste vrouwen niet mooi staat. Je moet hem vermijden als je kleine borsten hebt en je bovenlijf wat knokig is.

Ondiepe V

Een ondiepe V verlengt de nek en is vaak flatterend voor degenen met een rond of hartvormig gezicht.

Vierkant

Een vierkante hals staat alle maten en vormen erg goed. Als je brede schouders hebt, is dit een prima keuze omdat de halslijn overdwars loopt.

Hartvormig

Kies voor een hartvormige hals als je zowel een volle boezem als stevige heupen hebt, omdat de rondingen daarvan je eigen vormen zullen flatteren.

De lengte van een mouw

Ik houd van een bijzondere mouw. Ik denk echt dat er een stijl voor iedereen is, of het nu een opvallende pofmouw, een vleermuismouw of iets subtielers is:

Een korte mouw

Is perfect om je wat breder te maken en de aandacht te vestigen op de schouderpartij. Deze is minder geschikt voor degenen die liever de aandacht willen afleiden van grotere borsten, omdat de mouw eindigt in lijn met de borst. Kies dan liever een mouw op ellebooglengte.

Een mouw op ellebooglengte

Legt de aandacht op de taille. Perfect voor vrouwen met een zandloperfiguur.

Een driekwart mouw

Dit is een elegante manier om een beetje huid te laten zien en handig om volume en laagjes in evenwicht te brengen. Perfect voor als je tenger bent, maar als je erg lange armen hebt, zullen ze nog langer lijken.

Een mouw tot aan de pols

Ik vind altijd dat deze mouw vooral kleine vrouwen goed staat. Heb je langere armen, gebruik dan armbanden om het gat op te vullen.

Lange mouw (tot aan de hand)

De beste lengte voor degenen met lange armen. Hij is ook chic en zal favoriet zijn bij vrouwen die van een klassieke stijl houden.

Een goede houding

We brengen zoveel tijd door aan een bureau of voor een scherm dat we eens goed moeten nadenken over hoe we zitten en staan.

Door osteoporose na de menopauze verliezen sommigen van ons centimeters lengte en krijgen we rondere schouders. Maar we zouden ons allemaal bewust moeten zijn van onze houding, zelfs als je dit leest en je nog in de twintig bent. Als je een zoutzak bent – en ik ben dat, net als veel lange vrouwen – moet je vooral op je houding letten (ging je net rechtop zitten toen je dit las?).

Een goede houding heeft zowel een psychologische als een esthetische invloed. Als je rechtop zit en staat voel je je zelfverzekerder en minder moe. Je bent meer aanwezig in een ruimte. Door je buik in te houden en je schouders naar achteren te trekken, sta je meer open en adem je beter, en dus komt er meer zuurstof in je lijf. Ik doe aan pilates en ik merk dat de oefeningen die ik doe aan mijn core bijdragen aan een gezondere rug en een betere houding. Als jij hier problemen mee hebt, zou je de Alexander-techniek kunnen overwegen.

We kunnen ook kleren kiezen die onze vorm accentueren en ons de strakkere lijnen teruggeven die ons lichaam met verloop van tijd kan verliezen. Als je rechte, brede schouders hebt, draag dan jassen en jacks met een verlaagde schouderinzet (waar de schoudernaad op je arm zit, onder de natuurlijke lijn van je schouder).

Een goed gesneden jasje kan wonderen verrichten om rechte schouders en een goede houding te benadrukken. En als je voelt dat je een goede houding hebt, zit je waarschijnlijk ook rechtop.

Schoudervullingen zullen sommigen van ons altijd herinneren aan de powerdressing van de jaren 80, maar een goed geplaatste vulling kan veel doen voor een top of een jas. Ik heb een Zara-T-shirt met een dunne schoudervulling en het valt echt veel beter. Je kunt online ook siliconen schoudervullingen kopen. Door een rechte lijn te creëren en je schouders met vullingen of de juiste pasvorm iets te verbreden, zal je taille smaller lijken en wordt een grote boezem gebalanceerd.

Voor degenen die klein zijn...

Tengere vrouwen vragen me altijd: 'Maar hoe kan ik dat dragen?' Ik geloof dat iedere vrouw elke stijl kan dragen, het hangt alleen af van de proporties van een outfit.

Volume dressing

Verberg je natuurlijke vorm niet en voorkom dat het lijkt of je bedolven bent onder je kleding. Driekwart- of halflange mouwen leggen de focus op je taille.

Taille

Hier kun je de proporties aanpassen. Ik gebruik een riem om mijn taille te verlagen, maar als je klein bent kun je hem gebruiken om je taille te verhogen.

Broek met wijde pijpen

Die moet niet worden onderschat. Door een sportschoen of een schoen met plateauzool te dragen bij een broek met wijde pijpen zorg je voor continuïteit in je outfit.

Laagjes

Iedereen kan laagjes dragen. Het gaat erom waar je de laagjes aanbrengt (zie blz. 272).

Waar ga je winkelen

Naast de *petite*-collecties kun je voor een goede pasvorm ook terecht bij de jongensafdeling. Als het merk goed is en ook volwassenenkleding maakt, kun je ook bepaalde meisjesafdelingen proberen.

Schoenen

Kies dunne riempjes. Door enkelriempjes kun je nog kleiner lijken.

... en degenen die lang zijn

Met mijn 1 meter 78 val ik in de categorie van lange vrouwen. Hier vind je wat tips die ik gebruik.

Mouwen

Vaak, vooral bij confectiekleding, zijn de mouwen voor mij te kort. Dan voel ik me net een orang-oetan. Bij een jasje kan ik de boord van een trui of topje laten uitsteken en zo meer textuur en kleur aanbrengen. Anders kunnen forse armbanden het gat rond mijn pols dat wordt veroorzaakt door de te korte mouw opvullen. Maar ik koop nu geen jasjes met te korte mouwen meer, omdat ik weet dat ik ze veel minder zal dragen.

Hakken dragen

Als je erg dunne benen hebt, kun je schoenen met dikke zolen of blokhakken beter vermijden. Denk niet dat je geen hakken kunt dragen, hoe lang je ook bent. Verontschuldig je nooit voor je lengte...

Iedere vrouw kan elke stijl dragen

De juiste bril

Om het juiste montuur te vinden moet je vaak wat experimenteren. Neem een vriendin mee als je brillen gaat passen en vergeet niet om wat make-up op te doen, want je zult je gezicht van heel dichtbij zien: als je vindt dat je er moe uitziet zul je het eerder opgeven en naar huis gaan. Vraag advies aan de mensen die in de winkel werken, maar jij kent je stijl, je persoonlijkheid en je favoriete kleuren het best, dus laat je niet iets aanpraten wat niet goed voelt.

Waar houdt het montuur op?

Het is beter als het montuur breder is dan de slapen. Dit is nog belangrijker als je een smal gezicht hebt. Trekken de vorm/afmetingen van de glazen je gezicht omlaag?

Het volgende geldt voor iedereen, maar als je een ovaal gezicht hebt zonder zeer prominente jukbeenderen, zul je merken dat ronde lijnen lager op je gezicht alles naar beneden trekken en je gezicht nog langer laten lijken.

Eerst de bril en dan jij?

Net als met vetgedrukte letters, wil je niet dat je gezicht verdwijnt achter je opvallende bril. Doe een stap naar achteren en kijk: is de bril het eerste wat je ziet?

Kan ik opvallende sieraden dragen?

Het kan een probleem zijn om een bril te combineren met opvallende oorbellen, omdat ze om aandacht zullen vechten en je het gevoel geven dat je gezicht te druk is. Als de kleur van de bril - vooral van de poten - en de vormen bij je oorbellen passen is er continuïteit. Misschien kies je liever onopvallende oorbellen en focus je op een bril waarmee je je echt cool voelt.

Voor je gezichtsvorm

Lees bladzijde 18 om je gezichtsvorm te bepalen en ontdek het model en de stijlen die jou het beste staan.

Vierkant

Probeer een stijl zonder rechte randen. Ronde of pilotenbrillen kunnen prima staan; denk ook eens aan een cat-eye- of vlindermontuur.

Ovaal

Je hebt een grote keus. Vierkante glazen zijn opvallend en benadrukken je gezichts-contouren, terwijl ronde glazen een zachter effect hebben.

Lang ovaal

Je kunt verschillende stijlen kiezen, maar vermijd smalle monturen omdat die je gezicht langer maken.

Rond

Vierkante, rechthoekige of ongebruikelijke monturen zorgen voor structuur. Monturen die bovenaan breder zijn, zoals een vlindervorm, trekken aandacht en zorgen voor evenwicht.

Hartvormig

Het beste montuur voor jou brengt de verhouding tussen je wenkbrauwen en je kin in balans - een pilotenbril of rond montuur - omdat ze brede of smalle gebieden niet benadrukken.

Driehoekig

Monturen die wat breder zijn bij de wenkbrauwen en even breed of breder zijn dan je kaaklijn, zoals een cat-eye of een pilotenbril, staan je het best. Een afgeronde, smallere onderrand verzacht je jukbeenderen.

Lang voorhoofd

Vrouwen met een lang voorhoofd staat een groot en oversized montuur goed. Kies een montuur met een verhoogde neusbrug. Een pilotenbril maakt je gezicht korter.

Kort voorhoofd

Heb je een kort voorhoofd, vermijd dan brillen die boven je wenkbrauwen uitsteken.

Ken je stijl en je persoonlijkheid

Kleur me gelukkig

Ik denk wel eens dat ik 'draag kleur met kleur' op mijn grafsteen zal laten schrijven. Als jij je niet zeker voelt in kleuren, ben je geneigd om ze met zwart te dragen omdat dat gemakkelijker en veiliger aanvoelt. Maar zwart haalt niet alleen het leven uit kleur, door een kleur op je bovenlijf te dragen en zwart op je onderlijf, snijd je jezelf doormidden, waardoor continuïteit in je outfit ontbreekt.

Het is zo leuk om verschillende tinten te combineren, of om van top tot teen één kleur te dragen. Ik merk echt dat ik me anders voel en dat mensen anders op me reageren als ik een felle kleur draag.

Als je kleuren gaat combineren biedt je bestaande garderobe je veel meer mogelijkheden. Kleren die je fijn vindt en toch achter in de kast hangen wordt nieuw leven ingeblazen als je creatief gaat kijken wat je erbij kunt dragen.

Kijk eens naar prints die je al hebt. Die mooie sjaal - welke tinten zitten erin en hoe combineren ze met elkaar? Wat heb je nog meer in die tinten? Als je elk zwart kledingstuk uit je kast zou moeten verwijderen, wat blijft er dan over en hoe kun je daarmee een outfit opbouwen?

Ik zeg niet dat je geen zwart moet dragen. Zwart is prachtig met neutrale tinten zoals wit en grijs, maar nu draait het erom kleur in je leven te brengen.

Ik zal je hier laten zien wat kleuren voor je kunnen doen. Lees ook het hoofdstuk Kleur bekennen op bladzijde 13.

Draag kleur met kleur

Tegenpolen trekken elkaar aan

Hoe kun je ontdekken welke kleurencombinaties je goed zullen staan? Dit is de vraag die me waarschijnlijk het meest gesteld wordt. Je vindt het misschien spannend om kleur met kleur te dragen maar het is echt heel leuk om te doen.

Kleuren die naast elkaar liggen op het kleurenwiel zorgen voor een subtiele look, maar de kleuren die tegenover elkaar liggen, zorgen voor een opvallend contrast en daarmee de meest opwindende combinaties. Je hoeft echt niet je hele outfit in sterke contrastkleuren uit te voeren als je daar niet klaar voor bent – begin met een vleugje her en der, in een tas of sieraden of een sjaal, en kijkt hoe dat bevalt.

Nu worden we even wat technischer. Een geslaagde kleurencombinatie valt of staat met de kleurdiepte. Kijk hoe krachtig de kleuren zijn en stem ze op elkaar af. Kleuren kunnen zacht of fel, koel of warm, vaal of helder zijn.

Hoe je ook over kleurige kleding denkt, ik zou graag willen dat je enkele favoriete kleren en accessoires in contrasterende kleuren tevoorschijn haalt. Gebruik het kleurenwiel als inspiratie om combinaties uit te proberen. Vraag je niet af of je deze dingen al echt met elkaar zou dragen – begin er alleen mee te experimenteren.

Begin met een vleugje kleur en kijk hoe dat bevalt

Kleuren-
wiel

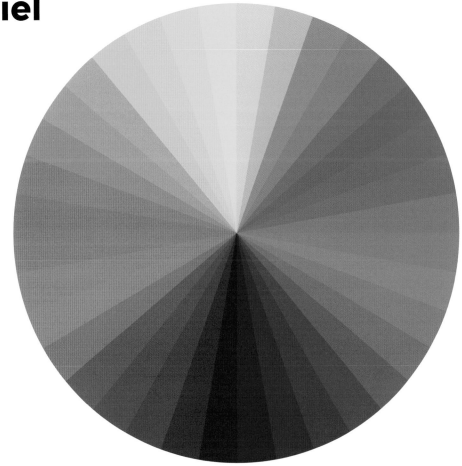

Wat is volgens anderen de kleur die jou het beste staat?

Welke kleuren heb je nooit eerder geprobeerd?

Van welke kleur word je blij?

Welke kleuren brengen elkaar tot leven?

GRIJS

We denken misschien dat grijs op de achtergrond blijft, of dat het een mooi accent kan zijn voor een opvallende kleur zoals felmagenta of gifgeel, maar grijs is ook enorm chic. Grijs doet sommigen misschien eerder denken aan een begrafenisoutfit of zakelijk uniform, maar er zijn veel tinten grijs, en bij de juiste tint kan het een geweldige toevoeging aan je garderobe zijn.

- Als jij een koele of een koele/neutrale ondertoon hebt, zullen alle tinten bij je passen omdat grijs altijd koel is.

- Als jij een neutrale ondertoon hebt, staat heel zacht duifgrijs of donkergrijs je goed. Als jij een warme/neutrale of warme ondertoon hebt, zul je wat meer aan je make-up moeten doen om te voorkomen dat de kleur je bleek maakt. Denk vooral aan grijstinten in het beige uiteinde van de schaal.

In tegenstelling tot marineblauw zijn er een paar grijstinten die niet bij elkaar passen. Grijs staat wel goed bij de meeste andere kleuren. Een mix van verschillende tinten grijs is een van mijn favorieten voor een ontspannen weekendlook, maar als je wat leven en licht toevoegt – zoals pailletten of een vleugje zilver, misschien gecombineerd met smokey eyes – heb je de basis voor een *glamorous* uitgaanstenue. Grijs zorgt voor de verfijning die we vaak in zwart zoeken, maar het is zachter en vaak makkelijker om te dragen.

CLAIRE

De accessoires maken Claires outfit af. Een avondjurk wordt een jurk voor overdag.

NEUTRALE TINTEN

Er gaat niets boven fris wit om een chique maar moderne touch aan je outfit toe te voegen. Misschien denk je aan witte broderie anglaise voor tijdens de vakantie, maar ook een klassiek wit shirt onder een rood pak of een elegante witte jas staat prachtig. Zwart overheerst vaak andere kleuren waarmee het in contact komt, maar wit en crème kunnen ze accentueren. Eerst moet je te weten komen wat jouw kleur wit is.

- Als je een koele of koele/neutrale ondertoon hebt, is puur wit de goede keuze.

- Ecru is voor vrouwen met een neutrale ondertoon, bijvoorbeeld als je haar een rode gloed heeft en je lichtgrijze of hazelkleurige ogen hebt.

- Crème is warm en staat goed als je een warme of warme/neutrale ondertoon hebt, met perzikkleurige, gele of karamel-tinten in je huid.

Je kunt de tinten prima combineren – alle tinten wit passen bij elkaar – maar draag jouw 'wit' het dichtst bij je gezicht. En je kunt er accessoires met zilver of goud bij dragen, afhankelijk van wat het beste bij jou past. Rode lippen staan vrolijk bij wit, maar het is ook goed om de frisheid van wit te benadrukken door een lichte make-up te dragen.

KATIE

De kleuraccenten van Katies accessoires maken deze jurk mooier en voegen een persoonlijke touch toe.

DE ROZE FAMILIE

Roze wordt vaak gezien als de meest vrouwelijke kleur. De lichtere tinten roepen een gevoel van jeugdigheid en onschuld op. Het is nooit een bedreigende kleur en zelfs de fellere nuances bezitten een zekere zachtheid.

- Als je een koele ondertoon hebt, ga je voor de koelste blauwachtige rozetinten. Bleekroze en hard fuchsia zijn koele tinten, terwijl ook hard- of felroze je goed staan. Als je een koel/neutrale ondertoon hebt, dan kun je ook een vale frambozenkleur kiezen.

- Vaalroze is vaak het beste bij neutrale en warme/neutrale ondertonen.

- Donker framboos is de beste keus voor mensen met een warme ondertoon.

Meerdere tinten roze kunnen met veel kleuren uit het kleurenwiel worden gecombineerd. Ik houd van de vrouwelijkheid van pastelroze met als contrast flessengroen en van de uitbundigheid van lichtroze met geel. De enige kleur die ik vermijd is blauw - die combinatie vind ik een beetje ouderwets.

Wanneer ons lichaam in de loop der jaren minder strak wordt, ontdekken we dat de uiteinden van ons kleurenpalet te hard kunnen worden en ons bleker maken. Dan wordt het belangrijk om ook over vorm na te denken.

ANEEKAH

Deze outfit is in balans, stijlvol en vol zelfvertrouwen. Ook de schoenen passen er goed bij!

DE ORANJE FAMILIE

Oranje is echt een opwekkende en speelse kleur. Hij zorgt voor jeugdige energie en vitaliteit zonder hard te zijn. Hij past ook geweldig bij roze en rood en het is heel leuk om met verschillende tinten van deze kleuren te experimenteren omdat er onverwachte combinaties kunnen ontstaan. In tegenstelling tot blauw of groen is het oranje kleurenspectrum vrij beperkt: het bestaat maar uit vier hoofdtinten, plus neon.

- Als je een koele ondertoon hebt, kan een fel, klassiek oranje je goed staan. Abrikoos is een moeilijke kleur – hij past vaak het best bij koele/neutrale blonde vrouwen met een perzikkleurige huid en bij vrouwen met koelere ondertonen (maar niet te) en een donkergetinte huid.

- Als je neutrale ondertonen hebt, kan zalm de meest geschikte kleur zijn.

- Roest is de warmste kleur oranje. Hij kan geweldig staan als je rood haar hebt.

Als je een rozerode teint hebt, draag je misschien niet graag oranje omdat het de roodheid van je huid benadrukt. Maar als je wel van oranje houdt en het goed bij je haar en je ogen past, gebruik dan eens een groene crème om de roodheid van je huid te verminderen of te verbergen. Mijn favoriete combinatie is klassiek oranje en blauw, en chocolade en roest zijn twee kleuren die goed samen kunnen. Roest staat ook goed bij warmere blauwtinten, terwijl de tegenhanger van zalm lichtgroen is. Purper zorgt voor een opvallend contrast.

SYLVIA

Een schitterende oranje outfit die opvalt door de puntkraag, nonchalante sportschoenen en een vleugje roze.

DE RODE FAMILIE

Rood is brutaal, uitgesproken en opvallend. Het is een uiting van zelfvertrouwen - en de meeste vrouwen weten instinctief of het ze goed staat of niet. Een rode jurk is een statement en is in klassieke Hollywood-films een heus icoon geworden. Het is de gemakkelijkste kleur om te dragen als je een klassieke koele blonde vrouw bent of een donkere huid en donkere ogen hebt - denk maar aan Grace Kelly of Lupita Nyong'o. Maar hoe zit het met de rest van ons?

- Als je koele ondertonen hebt, staat blauwrood of framboosrood je waarschijnlijk goed. Koele/neutrale vrouwen kunnen een echt rode kleur toevoegen.

- Bij neutrale ondertonen kun je de tint kiezen die vrouwen met een koele of warme/neutrale ondertoon het beste staat, maar voor hen is felrood het best.

- Vrouwen met warme/neutrale ondertonen kunnen tomatenrood proberen en als je een warme ondertoon hebt, kan een diep, gedempt herfstrood bij je passen.

Het probleem met rood is dat ongeacht jouw kleurcode, je teint en haarkleur een grote rol spelen in wat voor jou geschikt is. Als je huid een rozerode ondertoon heeft, en vooral als je acne of couperose hebt, ontdek je misschien dat je beter geen rood kunt dragen. Anderen zullen zien dat er een andere kleur is die ze meer kracht en zelfvertrouwen geeft.

Wat voor rood je ook draagt, combineer het alsjeblieft niet met zwart. Dat zal de hele pret bederven. Ik zou hierover een boek kunnen schrijven, maar hier adviseer ik je alleen het te proberen met metallics, met wit, met blauw, roze of oranje – of op zichzelf in al zijn glorie.

ANJANA

Dit is een van mijn favoriete kleuren-combinaties: bij elkaar gaan de kleuren stralen.

Iedereen kan paars dragen. De term 'paarse familie' is wel een beetje ruim genomen, omdat ik niet genoeg ruimte heb! Hieronder vallen nu dus ook bordeauxrood, aubergine en pruim, naast klassiek lila, paars en fuchsia. Paars is een heerlijk sterke, krachtige kleur en daarom werd hij gebruikt door de suffragettes en tegenwoordig op Internationale Vrouwendag.

- Als je een koele of koele/neutrale ondertoon hebt, staan lila en koud bordeaux je goed.

- Als je een neutrale ondertoon hebt, is paars het meest geschikt.

- Voor degenen met een warme of warme/neutrale ondertoon is pruimpaars de juiste tint.

Bordeaux, aubergine en pruim kunnen worden gedragen als alternatief voor zwart omdat ze veelzijdiger zijn dan je denkt. Maar het zijn wel kleuren die door zwart de das worden omgedaan.

Je kunt zien welke kleuren bevriend zijn doordat ze elkaar verrijken. Als je iets bordeaux in je garderobe hebt, haal het er dan uit en houd het tegen iets zwarts aan. Probeer het daarna met oranje, fuchsia, marineblauw of zachtblauw. Het wordt een volkomen andere kleur als hij met zijn vrienden mag spelen.

BETTINA

Ik vind het geweldig hoe Bettina uitersten van het kleurenspectrum heeft gecombineerd. De gele accessoires staan prachtig bij het diepe paars; ze heeft lol met deze outfit.

DE BLAUWE FAMILIE

We vinden blauw kalmerend, maar harde blauwe kleuren - zoals luchtmachtblauw of koningsblauw - kunnen ook heel krachtig aanvoelen, terwijl de felste, zonnigste blauwe tinten ons doen denken aan vakantie en vrijheid. Het is een van de kleuren waarvan de meeste tinten bestaan en bijna iedereen kan ze dragen.

- Als je tot de koele familie behoort, is blauw helemaal jouw kleur. In jouw kast zullen vast veel nachtblauwe, kobaltblauwe, koningsblauwe, hemelsblauwe en indigoblauwe kleren hangen.

- Als jij een neutrale ondertoon hebt, staan heldere kleuren blauw je beter dan felle of vale blauwen. Dus aquamarijn, azuur, korenbloem, grijsblauw of denim.

- Voor vrouwen met warme ondertonen is blauw waarschijnlijk niet de beste kleur, maar de tinten aan het blauwgroene uiteinde van het spectrum passen wel bij hen. Probeer turquoise of aquamarijn. Een blauwgrijze tint doet het ook goed.

Het is lastig om blauwe tinten te combineren. Om blauwe kleuren bij elkaar te dragen moeten ze uit dezelfde temperatuurfamilie komen: koele blauwen passen bijvoorbeeld niet goed bij warme blauwen, terwijl marineblauw en pastelblauw er klassiek en fris uitzien. Blauw past wel fantastisch bij andere kleuren. Ik houd van donker- of kobaltblauw met oranje. Bordeaux met pastelblauw is een goede combinatie als jij koele ondertonen hebt, terwijl pruimpaars en aquamarijn prachtig staan als jij warme ondertonen hebt.

ROSEMARY

Het fluwelen pak is een opvallende outfit voor een luxe look overdag.

DE GROENE FAMILIE

Toen ik de fotoshoot deed voor dit boek besefte ik dat ik niet veel groen draag. Het is een heel grote familie van munt- tot erwtgroen, van smaragd- tot grasgroen en van kaki- tot flessengroen. Je kunt er veel mooie contrastkleuren bij dragen. Maar vreemd genoeg kan het moeilijk zijn om groene kleuren met elkaar te combineren, omdat het zeer specifieke, individuele tinten zijn.

- Als je koele ondertonen hebt, zul je er prachtig uitzien in muntgroen, fel smaragdgroen en het meest koele donkergroen.

- Als je koele/neutrale ondertonen hebt, draag dan appel-, erwten- en kakigroen met koele ondertonen.

- Als je neutrale ondertonen hebt, ben je op zijn mooist met gras-, varen- en bladgroen.

- Degenen die warme/neutrale ondertonen hebben, staan warme kakikleuren die groen en bruin met een tikje geel zijn, het mooist.

- Als je warme ondertonen hebt, is aquamarijn de beste keuze.

Wil je toch proberen om tinten groen te combineren, laat je dan inspireren door camouflagekleuren. Als je van groen houdt, kunnen kaki- en olijfgroen goede alternatieven zijn voor zwart, omdat ze vrij neutraal zijn.

RACHEL

Een mooie combinatie van luxueuze groene zijde en zachtroze.

DE GELE FAMILIE

Geel is een prachtige kleur die energie overdraagt op de mensen om je heen. Ik weet zeker dat mensen anders op je reageren wanneer je geel draagt.

- Aan het koele einde van de gele schaal staan de neons, die overgaan in de zachtgele tinten.

- Als jij een neutrale ondertoon hebt, kun je kiezen uit de middentinten van het geel, dus van krachtig citroengeel tot aan narcissengeel. Bij een licht gezicht met mooie blosjes past citroengeel of een bleke pastel.

- Bij de vrouwen onder ons met een warm huidtype, vooral bij een karamelkleurige huid en een warme kleur haar, passen de tinten van narcissen- tot saffraangeel.

Geel is echt een fascinerende kleur. Alleen al een iets andere haarkleur kan het voor jou geschiktste geel laten verschuiven en je op en neer over de gele schaal laten glijden. Het gele spectrum is veel kleiner dan dat van blauw of groen, maar geel weet wat het wil. Bij de koele tinten staan zilver of wit prachtig, maar tot aan narcissengeel en verder kun je beter goud dragen. Bij een warme luipaardprint past saffraangeel goed maar dat gaat niet op voor neon. Eventueel kun je neongeel met zwart dragen, maar als je voor alle andere tinten een neutrale kleur zoekt, neem dan grijs.

LEAH

Met een gele outfit voel je je zelfverzekerd en aanwezig. Het tweedelige pakje staat prachtig.

NEON

Neonkleuren vallen op en zijn opwindend. Het zijn synthetische kleuren die in de natuur niet bestaan. In een kleurenwaaier staan neons dan ook apart en niet bij de kleurenfamilies. Neons zijn deels opwindend omdat ze hun eigen regels volgen. Wanneer ik een vrouw style, weet ik soms niet hoe ze er in neon uit zal zien en wat haar het beste staat, tot ik het uitprobeer.

- Als jij een koele of een koele/neutrale ondertoon hebt, is neon een prima keuze. De mensen die neon het beste staat zijn degenen met een zwarte huid en grijze ondertonen of degenen met een erg groot contrast tussen huid, haar en oogkleur. Als dit voor jou geldt, dan weet je vast al dat je er in neon geweldig uitziet.

- Als je een neutrale ondertoon hebt, kun je neon dragen. Je moet alleen kijken wat er bij je haarkleur past. Een iets warmere blonde vrouw kan beter een roze neon dan een oranje neon kiezen.

- Als je een warmere ondertoon hebt, moet je niet overdrijven met de typische zuurstokkleurtjes van neon.

- Iedereen kan wat neon aan een outfit toevoegen om hem tot leven te brengen.

Ik ga gerust van top tot teen gekleed in neon en ik heb vaak gehoord dat ik dan net een highlighter ben! Het is de ultieme uiting van zelfvertrouwen als je rondloopt in kleuren die ervoor zijn gemaakt om aandacht te trekken. Iedereen kan iets van deze energie meepikken, al is het maar met een vleugje neon in een riem of schoen. Ik houd van neon en tweed omdat de tegenstelling tussen deze traditionele stof en het moderne neon heel opwindend aanvoelt.

MANNY

Manny inspireert me altijd met haar kleurkeuzes en deze outfit heeft alles wat zo geweldig is aan neon. De perspex neonbril maakt het helemaal af!

METALLICS

We hebben het al gehad over de verbazingwekkende veelzijdigheid van een jasje met pailletten, maar ook als je dat te ver vindt gaan, zijn metallics een belangrijk deel van elke garderobe omdat ze je laten stralen en je tot leven brengen. Bovendien verbeteren ze je teint wanneer je je eens moe voelt.

- Als je een koele ondertoon hebt, is zilver het best.

- Als je een neutrale ondertoon hebt, kun je elke tint dragen.

- Als je een warme ondertoon hebt, kies dan goud.

Onderschat de transformerende kracht van metallics niet. Een grijs pak dat er nogal zakelijk uitziet, verandert totaal met een frivool zilveren top eronder. Een zwarte jurk die je op je werk zou dragen wordt met een opvallende gouden riem of een ketting die op de hoge hals ligt ineens glamoureus. En je kunt metallics zeker ook overdag dragen. Ik houd vooral van alledaagse vormen in metallic. Denk bijvoorbeeld eens aan een eenvoudige grijze trui met ronde hals met een donkerblauwe blazer en jeans. Stel je nu eens voor dat die trui zilverkleurig is. Het geeft net dat beetje extra en haalt wat anders een normale klassieke look zou zijn, enorm op.

LEILA

Wat een prachtige rok, met een heel flatterende vorm. Ik vind het leuk dat Leila gouden accenten terug laat komen in haar sieraden en de sluiting van haar tas.

MARINEBLAUW

Marineblauw is mijn zwart. Ik heb er veel van in mijn kast. Marineblauw is zachter, maar toch stijlvol, klassiek en modern tegelijk. Maar het is moeilijker te dragen omdat er in tegenstelling tot zwart veel tinten bestaan en sommige je beter zullen staan dan andere.

- Als jij een koele of koele/neutrale ondertoon hebt, dan kun je goed een klassiek marineblauw met een grijze ondertoon dragen.

- Als jij een neutrale ondertoon hebt, staan marine- blauwe kleuren uit het midden van het spectrum je goed.

- Als jij een warme/neutrale of warme ondertoon hebt, moet je marineblauw niet te koel zijn.

Verschillende marineblauwe tinten passen bij verschillende kleuren maar ze zijn allemaal veelzijdig en staan goed bij andere neutrale tinten. Ik houd vooral van marineblauwe en witte strepen omdat het zo'n frisse, nonchalante look is. Het is alleen lastig dat we niet alle kleuren die wij gewoonlijk marineblauw noemen kunnen combineren. Om marineblauw op marineblauw te dragen, moet je naar dezelfde onder- liggende toon zoeken. Het maakt niet uit of de twee marineblauwe kleuren lichter of donkerder zijn, zolang er maar dezelfde hoeveelheid grijs of paars in zit. Marineblauwe kleuren die warmer of valer zijn, zullen met elkaar vloeken.

TAMMY

Tammy heeft marineblauw gecombineerd met oranje. Omdat zij een koel huidtype heeft, heeft ze de look afgemaakt met een zilverkleurige sjaal.

ZWART

Laat één ding duidelijk zijn: natuurlijk draag ik zwart. Het is chic, het is elegant, het is klassiek. Zwart kan je de kracht geven om een nieuwe dag weer aan te kunnen, maar ik heb begrepen dat ik zwart alleen moet dragen als ik me op mijn best voel en niet wanneer ik moe ben, omdat het dan het kleine beetje energie dat ik heb zal uitputten.

Ik denk dat 25% van de mensen zwart kan dragen zonder make-up en er toch geweldig uit kan zien (die hebben een koele ondertoon). Nog eens 50% heeft make-up nodig om zwart te dragen en 25% zou beter helemaal geen zwart moeten dragen – in elk geval niet vlak bij het gezicht.

Saai, plat zwart is zwaar, terwijl fris, goed gesneden zwart chic en glamoureus kan zijn. Hoe kunnen we zwart tot leven brengen?

Het draait om textuur. Iets wat het licht opvangt en het weer uitstraalt – een lovertje, namaakbont, fluweel – heeft een ander effect dan saai zwart dat het licht opzuigt. Zwart met een vleugje metallic ziet er meteen beter uit.

Witte accenten helpen om zwart levendiger te maken. Voeg wit toe met kettingen, mouwen of accessoires zoals een witte sneaker.

De meesten van ons hebben wel een zwarte jurk in de kast hangen, dus wat kunnen we doen om die op te peppen? Je zou er een blouse onder kunnen dragen zodat de kraag ervoor zorgt dat het zwart niet tegen je huid zit. Zwart en wit in de vorm van blokken, strepen, stippen en pied-de-poule staan erg mooi bij elkaar.

Je kunt zwart combineren met marineblauw, wittinten, grijs, bruin (luipaardprint), goud en zilver. Sommige kleuren worden door zwart afgezwakt – het maakt niet alleen de teint van sommigen vaal, maar verbleekt ook kleuren zoals blush, zachtgeel en lavendel...

Als je veel zwart draagt, heb je dan rode lippen nodig om de aandacht op je gezicht te vestigen en om te voorkomen dat je erin verdwijnt, of zie je er beter uit met prachtige smokey eyes en neutrale lippenstift (daaraan geef ik de voorkeur als ik zwart draag)?

CHLOE

Chloe ziet er geweldig uit in deze outfit omdat de pasvorm goed is en het zwart niet te hard is.

Hoe draag je een print?

Een mooi ontworpen print is heel opvallend en onweerstaanbaar. Bij het beslissen of een print geschikt is voor jou, zijn dit de dingen om rekening mee te houden.

Draagt de print jou?

Als je in de spiegel kijkt en je van twee meter afstand eerst de print ziet en dan pas je gezicht, dan draagt hij jou. Misschien is het dessin te groot of zijn er te veel kleuren vlak bij je gezicht. Sommige dessins staan alleen goed als we veel make-up ophebben, vooral een felle kleur lipstick.

Hoe groot en compact is de print?

Vrouwen met een wat voller figuur kunnen vaak een groot dessin dragen dat kleinere vrouwen zou overstemmen. Er is meer ruimte waarop het patroon kan worden herhaald zodat je er een goede indruk van kunt krijgen. Het is ook moeilijker om een grote print te dragen als je fijne gelaatstrekken hebt, maar een stip zou jou wel leuk kunnen staan.

Welk deel van mijn lichaam benadrukt de print?

Als jij een vrouw bent met flinke borsten die de aandacht van haar bovenlichaam af wil leiden, voel je je misschien niet prettig met een dessin over je borst, maar een print op een broek of rok met daarop een effen blouse zou je heel goed kunnen staan.

MARITIA

Maritia draagt hier een geweldig kleurrijk, levendig en vrolijk pak. De stoere laarzen staan prachtig bij deze outfit.

Kun je de vorm van de print laten terugkomen in een oorbel of accessoire?

Probeer verschillende elementen van de print terug te laten komen op verschillende plaatsen om een gevoel van continuïteit te creëren. Overdrijf dit niet, want het moet ongedwongen lijken. Ik heb een rok met palmbladeren waarbij ik gele palmoorbellen draag die de outfit afmaken.

Kun je prints combineren?

Om twee of meer prints te combineren moeten ze iets met elkaar gemeen hebben en niet veel in grootte verschillen. Het is veel moeilijker om een groot dessin te combineren met iets kleins. Het helpt als er minstens twee dezelfde kleuren in zitten. Als prints maar één kleur gemeen hebben, kun je er met een riem een geheel van maken. Als je prints in laagjes aanbrengt, door bijvoorbeeld een tas of sjaal in nog een ander dessin

maar uit dezelfde kleurenfamilie toe te voegen, staat de outfit toch goed omdat deze lef en zelfverzekerdheid uitstraalt.

Kun je zwarte en witte prints combineren?

Ja! Let er alleen op welke tinten wit in elke print zitten, omdat crème op wit vies zal lijken.

ANDRALEE

Volop prints! Dit is een mooi voorbeeld waarin zwarte en witte prints zijn gecombineerd – en ook in het interieur!

VRAAG JEZELF AF:

1 Is er een gemakkelijke manier om patronen of prints aan je outfit toe te voegen?

2 Ben je bang dat prints met elkaar botsen?

3 Denk je dat jij geen prints kunt dragen?

4 Heb jij favoriete accessoires die je kunt gebruiken als uitgangspunt voor prints?

DAAG JEZELF UIT

1 Een van de meest subtiele manieren om uiteenlopende prints uit te proberen is met een schoen. Als je een jurk met dessin draagt, ga je waarschijnlijk voor een neutrale schoen. Maar een lichte botsing van prints in dezelfde kleuren kan juist een leuk accent opleveren.

2 Draag de print niet vlak bij je gezicht en kies daaruit een kleur die mooi staat op je huid. Dat is de mooiste manier om een print te dragen.

3 Ook als je normaal gesproken geen dessins draagt, sluit dan dierenprints toch niet uit. Wanneer je het dessin in de juiste kleur en grootte kiest, staan ze iedereen goed.

4 Wees niet bang dat patronen zullen vloeken. Ik weet dat veel afhangt van persoonlijkheid, maar als je het gevoel hebt dat je er goed uitziet, dan is dat waarschijnlijk zo. Misschien verbaast het je wel wat je durft te dragen.

Essentiële items

Als je een versie van de volgende items bezit, heb je al een solide basis waarop je jouw persoonlijke stijl kunt bouwen.

1 Witte sneaker
Niets maakt een outfit frisser dan een witte sneaker.

2 Metallic schoen
Die staat zo goed dat je niet veel andere schoenen nodig hebt.

3 Wit jasje
Je zult deze veel meer dragen dan je denkt.

4 Gestreept T-shirt
Een gemakkelijke klassieker – met de voor jou geschikte halslijn – die je stijlvol kunt maken.

5 Het perfecte witte T-shirt
Met de voor jou beste mouwvorm/-lengte en halslijn, en goed passend.

6 Een goede jas
Wees niet behouden en voel je niet verplicht om deze met alles te moeten combineren.

7 Een mooie jurk
Als hij de goede kleur en vorm voor jou heeft, kun je hem overdag en 's avonds dragen.

8 De perfecte jeans
De heilige graal, die soms moeilijk te vinden is.

Niet-essentiële essentiële items

Mag ik je de niet-essentiële essentiële items voorstellen? Het zijn de dingen die je blij maken. Je vindt ze misschien zelfs overdreven en hebt ze nog nooit gedragen, maar als je items ontdekt die je goed staan, zullen ze je kleding verfraaien en bijvoorbeeld een jeans en een topje omtoveren tot een outfit.

Niet-essentiële essentiële items brengen de kleren die je erbij draagt tot leven. Ze kunnen opvallender zijn dan de dingen die je gewoonlijk draagt en dus twijfel je misschien om ze te proberen en vraag je jezelf wellicht af: 'Ben ik dit wel?' Maar zij vormen de kern van kleden zonder angst, omdat ze ervoor zorgen dat je niet meer opgaat in de menigte, maar juist opvalt.

Ik vind het heerlijk als vrouwen me vertellen dat ze nooit eerder pailletten hadden gedragen maar uit hun comfortzone stapten, een jasje met pailletten kochten en het nu heel vaak dragen. Want als je dit concept omarmt, zul je beseffen hoe goed niet-essentiële essentiële items je kunnen staan. We kleden ons om er goed uit te zien en om ons zeker te voelen, maar we kunnen er ook plezier in hebben. In dit deel vind je dan ook acht van mijn favoriete niet-essentiële essentiële items en wat ze voor je doen. Ik wil je toestemming geven, of een excuus, als je dat nodig hebt, om een risico te nemen en om eens flink uit te pakken.

Kijk eens in je kledingkast. Wat zijn jouw niet-essentiële essentiële items? Hoe kun je jezelf ertoe brengen om ze te omarmen en toe te laten dat ze je verder brengen op je reis naar jouw stijl?

Deze items zijn de kern van kleden zonder angst

JASJE MET

PAILLETTEN

Dit is een prachtig voorbeeld van een niet-essentieel essentieel item omdat een jasje met pailletten van invloed kan zijn op hoe we ons voelen en bovendien veel vaker gebruikt kan worden dan je denkt. Het is een briljant kledingstuk om elke outfit naar een hoger niveau te tillen en zou moeten worden gekocht als een investering voor het leven.

Het zorgt voor glamour

Pailletten voegen een vleugje glamour toe aan een nonchalante look en veranderen een T-shirt en jeans totaal. Het is het antwoord op een *smart casual* uitnodiging en 'je weet niet wat je aan moet trekken'. Het is ook perfect over een avondjurk waarbij je alledaagse jas niet past.

Pailletten weerspiegelen licht

Je vraagt je misschien af of pailletten je dikker maken, maar door de manier waarop ze bewegen doen ze juist het tegenovergestelde. Mensen merken je figuur in pailletten niet op - ze zien dat je schittert als je de kamer binnenkomt en willen met je praten. Het feit dat pailletten het licht weerspiegelen is ook een geweldige remedie tegen de effecten van een kater, jetlag of vermoeidheid.

Koop de juiste kleur

Koop de kleur die bij jouw teint past (zie blz. 15). Als je begint met de voor jou perfecte neutrale kleur, kun je toewerken naar andere kleuren.

Overdag of 's avonds

Onthoud dat pailletten prachtig staan op stof, zoals over een topje, maar voor een avondje uit kun je ze beter tegen je huid dragen, met niets eronder. Gebruik een neutrale make-up als je de look wilt aanpassen voor overdag.

KERRY

Deze versie van een jasje met pailletten is erg mooi. Hij zorgt voor een zelfverzekerde uitstraling en voegt licht toe aan een zwarte outfit. De ceintuur in de taille is een prima toevoeging.

Een paillettenjasje is een geweldige investering omdat het elke outfit compleet kan veranderen. Bind een opvallende ceintuur om het jasje en creëer een nieuwe, opwindende vorm en silhouet.

De juiste kleur pailletten voor jouw teint (zie blz. 15) kan een opvallend element aan een donkere of effen outfit toevoegen.

Ik draag graag een jasje met pailletten op een soepele, ruimvallende broek. De combinatie van weefsels geeft een outfit een echt luxueus gevoel.

METALLIC

SJAAL

Dit zou een metallic sjaal of een sjaal met pailletten kunnen zijn. Je zult zien dat deze op zoveel manieren kan worden gebruikt dat het op de lijst van de essentiële items zou kunnen staan. Ik weet dat een metallic sjaal niet altijd gemakkelijk te vinden is, dus je kunt hiervoor ook een sjaal met pailletten gebruiken.

Van dag naar avond

In combinatie met rode lippen is dit het perfecte item om aan een outfit toe te voegen als je rechtstreeks van je werk naar het restaurant of een bar gaat. En omdat hij in je handtas past, kun je hem onderweg snel omdoen.

Kies de juiste tint

Het is belangrijk dat je de tint uitkiest die het best bij je huid past. Dat is goud als jij een warme ondertoon hebt, en zilver als jij een koele ondertoon hebt.

Draag hem op allerlei manieren

Een metallic sjaal haalt een eenvoudige jurk en jasje op en past bij bijna elke print die je goed staat. Bovendien hoef je hem niet alleen als sjaal te gebruiken maar kun je hem ook als ceintuur omdoen.

Hij zal het licht weerkaatsen

Metallics passen bij al je kleding, maar als je ze vlak bij je gezicht draagt hebben ze hetzelfde effect als pailletten: ze weerkaatsen het licht en maken je gezicht frisser.

NICOLETTE

Dit is echt een coole en nonchalante look. Er zitten geweldige rock chic elementen in.

Een metallic sjaal is een erg handig item en hij past altijd in je tas. Je kunt hem een keer om je hals winden en hem in het midden vaststrikken of hem omslaan volgens de mode van de jaren 70. Je kunt hem ook om je taille knopen als een ceintuur.

LUIPAARDPRINT

De luipaardprint is van een incidentele trend die af en toe op de catwalk te zien was, uitgegroeid tot een klassieker die elk seizoen in de winkels terugkeert.

Hij is neutraal

Zelfs als jij geen dessins kunt dragen, staat luipaard je waarschijnlijk wel. Mensen zijn vaak verbaasd als ik ze zeg dat hij neutraal is, maar dat is-ie, en hij past bij zo goed als alles. Hij is ook opvallend en speels zodat hij een belangrijk niet-essentieel essentieel item wordt. Luipaard kan gecombineerd worden met luipaard. Kies dan wel prints van dezelfde grootte en zorg dat een van de basiskleuren in alle prints in gelijke mate voorkomt. En anders: probeer het gewoon.

Begin klein

Ik houd van mijn luipaardjas omdat de structuur mooi staat bij de print. En hij past bijna overal bij. Maar als je niet weet waar je moet starten, begin dan met iets kleins. Een tas, een schoen of een sjaal staat altijd chic en zal het goed doen met veel items uit je kledingkast. Als je de print nog niet eerder hebt gedragen, zou je versteld kunnen staan hoe vaak je hem nu tevoorschijn zult halen.

Kies de juiste kleur

Als jij een koele of een koele/neutrale ondertoon hebt, kun je het beste een koeler getinte, bijna op grijs gebaseerde luipaardprint kiezen. Heb jij een warme/neutrale ondertoon, dan staan de klassieke warmbeige en bruine kleuren je goed.

Meer of minder make-up

De make-up die past bij luipaardprint hangt af van de plaats waar je hem draagt. Als de print vlak bij je gezicht zit, ziet een neutrale lippenstift met smokey eyes er chic uit, maar ook met een rode lip kan de look echt opvallend zijn.

Bij luipaardprint draag ik vaak laagjes.
Dat is ook handig om te verbergen dat
twee items van een outfit niet goed bij
elkaar passen, bijvoorbeeld bij twee
soorten pailletten.

Begin eerst met een accessoire zoals
een luipaardtas. Dat fleurt een outfit
van een klassieke jeans en een suède
jasje helemaal op.

Hier zie je verschillende printtexturen,
maar er is continuïteit in de
basiskleuren.

DANIELA

Ik vind de combinatie van luipaardprints erg mooi en het felle oranje jasje maakt de look af.

PINKY

Wat een zelfverzekerde outfit. Pinky is niet bang en omarmt de schoonheid van luipaardprints.

Als jij niet veel tassen hebt, is een metallic exemplaar precies wat je nodig hebt omdat je hem heel vaak kunt gebruiken. Kies een metallic tas die past bij jouw teint (zie blz. 15), dan zul je hem met alles uit je garderobe kunnen combineren. We gaan bijna nooit de deur uit zonder een tas en een metallic tas kan een van de meest praktische items zijn die je zult bezitten.

Hij is modern

Een metallic tas fleurt een klassieke outfit meteen op en maakt hem fris en modern.

Draag hem bij een print

Als jij iemand bent die graag prints draagt, dan past metallic bijna overal bij zodat je de standaard zwarte tas die het leven uit kleuren haalt, kunt laten staan.

Glamour overdag

Je vindt een metallic tas misschien te opvallend voor overdag, maar dat hangt van de vorm en structuur af: als hij meer structuur heeft is hij ook geschikt voor overdag.

Hij past bij elke outfit

Als je overdag of 's avonds uitgaat, of op reis gaat en in je bagage maar ruimte hebt voor één tas, hoef je nooit te denken welke tas je mee moet nemen omdat hij overal bij past.

Het fijne van deze tas is dat ik hem over mijn schouder kan dragen of het hengsel korter kan maken om hem als handtas te gebruiken. Hij heeft de perfecte kleur matzilver, zodat hij past bij elke outfit voor overdag die ik bezit. Ik kan het hengsel ook korter maken zodat ik hem kan dragen bij avondkleding.

In deze grote handtas past alles wat ik op mijn werk nodig heb. Hij staat goed bij elke outfit en hij kan wel tegen een stootje.

EVA

Dit is een prima keuze, want Eva draagt geen zwarte tas die de outfit saai zou hebben gemaakt. De scherpe lijnen en het matte zilver passen er perfect bij.

OPVALLENDE

TOP

Een opvallende top is het item dat een klassieke outfit net dat tikje extra geeft. Dat kan zijn door de stof zelf, de kleur, de mouw, een verrassend manchet, contrasterende biezen of een bijzonder ontwerp. Alle aandacht gaat naar de top en jij hoeft niets (of bijna niets) meer te doen.

Er zijn variaties

Op een opvallende top kunnen pailletten zitten, of hij kan een felle kleur of een mooi dessin hebben. Het is de top die een outfit tot leven brengt en voor verschillende mensen verschillende betekenissen kan hebben.

Hij is makkelijk te dragen

Een opvallende top pusht je misschien tot het uiterste van je comfortzone omdat je het gevoel hebt dat hij eigenlijk niet kan, maar hij zal ervoor zorgen dat je zelfvertrouwen uitstraalt en hij is bovendien heel makkelijk te dragen omdat je weinig accessoires of laagjes nodig.

Geschikt voor elke lichaamsvorm

Als je grote borsten hebt, wil je waarschijnlijk liever niet de aandacht op je bovenlichaam vestigen. Daarom denk je misschien dat een opvallende top voor jou niet geschikt is, terwijl een grote mouw een flinke boezem juist in balans kan brengen en geweldig kan staan.

Niet alleen zwart

Als het opvallende van de top hem zit in de print, kies dan een kleur daaruit voor je onderste helft. Neem geen zwart omdat zwart je doormidden snijdt en andere kleuren uitvlakt. Probeer het eens: pak je top met print en houd hem tegen verschillende kleuren uit je garderobe.

Overdag

's Avonds

Mensen vinden dit shirt prachtig of vreselijk! Het leuke van deze top is dat hij overal bij past, ook bij een grijs pak omdat hij mooi bij die tint staat. Er gaat niets boven pailletten of glinstertjes om een eenvoudig pak bijzonder te maken.

AMANDA

Deze top is opvallend door de stof, vorm en kleur. Amanda heeft de outfit afgemaakt met een broek in een complementaire kleur.

FILMSTERREN-

ZONNEBRIL

Het gaat hier niet om de gebruikelijke Ray Bans of chique cat-eyes voor elke dag. Dit zijn de zonnebrillen die je opdoet en je meteen een bepaalde bravoure geven. Bij een zonnebril draait alles om de vorm en de kleur.

Ze maken je vrolijk

Deze brillen zijn totaal niet functioneel. Je hebt ze niet nodig, maar ze maken je vrolijk (dus misschien zijn ze toch wel nuttig...). Ze zijn misschien apart en ongebruikelijk en dagen jou uit dat ook te zijn.

Gemakkelijk in gebruik

Een filmsterrenzonnebril is een geweldig niet-essentieel essentieel item omdat deze gemakkelijk te dragen is en je er niets voor hoeft te doen. Het is slechts een detail dat je afzet wanneer je naar binnen gaat en dat je niet de hele dag hoeft te dragen. Het is echt het perfecte accessoire voor de lol.

Er is er een voor iedereen

Er is een versie van de filmsterrenzonnebril voor iedereen, je hoeft alleen maar de jouwe te vinden. Ga naar bladzijde 207 voor enkele algemene tips over de keuze van een bril. Maar ik zou zeggen dat we de regel dat ze bij je gezichtsvorm moeten passen, overboord kunnen zetten als jij je met een filmsterrenzonnebril een filmster voelt.

Speel met kleur

Je kunt niet alleen een opvallende vorm kiezen, maar ook de aandacht trekken met een kleurig montuur.

Ik houd van marineblauw. Dit is een iets lichtere tint die beter bij mijn gezicht staat omdat hij iets zachter is. De vorm haalt mijn gezicht op omdat de glazen niet te laag zitten.

Nu ik naar deze foto kijk, ben ik niet zo zeker van deze bril omdat mijn wenkbrauwen erbovenuit komen, waaruit blijkt dat hij waarschijnlijk iets te klein is voor mijn gezicht. Maar ik ben gek op hartvormige zonnebrillen en er moeten toch ook grappige items in onze garderobe kunnen zitten.

Mijn zonnebril van Dolce & Gabbana. Ik kan niet geloven dat ik hem na tien jaar nog heb, het is mijn meest geliefde zonnebril. Ik draag hem bijna elke keer dat de zon schijnt, dus de kosten per keer dat ik hem draag worden steeds lager...

SAMANTHA

Door een vorm te kiezen die haar hartvormige gezicht ophaalt en in combinatie met een erg coole hoed, krijgt ze een look die zegt: 'Ik ben een zelfverzekerde vrouw die geniet van haar vakantie.'

NEON-
ACCESSOIRES

Je hebt er misschien nooit over gedacht om neon te kopen omdat je het idee hebt dat het alleen voor presentatoren van kindertelevisie of ravers uit de jaren 80 is. Ik zal je zeggen dat neon een van de allerbeste niet-essentiële essentiële items is die - in een of andere vorm - door iedereen kunnen en zouden moeten worden gedragen. Het frist elke look op en het is echt iets wat wij allemaal eens vaker zouden kunnen proberen.

Het brengt leven

Alleen al een vleugje neon verdrijft onmiddellijk het stoffige imago van een outfit, verandert hem en maakt hem moderner. Vind je een item wat saai of ouderwets en moet je het oppeppen, dan zal neon dat doen. Neem bijvoorbeeld neon en tweed. Een toets felle neon zal je gegarandeerd energie geven. Het is onmogelijk om niet op te vallen in neon.

Kies de juiste kleur

Eerst moet je beslissen welke kleur neon jij bent. De koelste tint geel is neon. Het heeft geen warmte maar is wel helder. Als jouw huidtype warm is, staat roze neon je misschien beter. Feloranje is vaak het best bij neutrale ondertonen.

Begin ver van je gezicht

Als neon ver afstaat van de kleuren die bij je passen, probeer dan geen oorbellen of sieraden maar begin verder van je gezicht af met bijvoorbeeld sportschoenen of een tas.

Kleine accenten

Probeer een tikje neon dat uit je kleding piept. Je zou een trui met kleurvlakken kunnen dragen, maar de mouwen en panden van een neonbloes eronderuit kunnen laten steken. Dit geeft een modern element aan een outfit die anders klassiek aan zou voelen.

Ik heb deze ketting van H&M al vijftien jaar en de kosten per keer dat ik hem draag zijn nu miniem. Hij verandert heel veel outfits. Ik kan hem op een mooie jurk dragen om die nonchalanter te maken en op een T-shirt om dat wat op te fleuren.

De grote neon tas is heel opvallend. Ik vraag me af hoe het komt dat ik hem nog heb: Lyla probeert hem altijd in te pikken!

Hier geef ik enkele voorbeelden van hoe je een vleugje neon met een outfit kunt combineren en die verrassend kunt maken. Neon zorgt dat donkere outfits of pakken er cool uitzien, een beetje neon kan alles veranderen. Neon maakt dat ze er frisser uitzien en geeft je een compleet nieuwe kijk op het leven.

Het harde neonroze van deze oorbel wordt in evenwicht gebracht door het zachte oranje. Daarom kan ik er sterke make-up bij dragen zonder dat dat botst.

TINE

Opvallend, fel en prachtig! Wat een vrolijke toevoeging aan de mooie blauwe outfit.

OPVALLENDE

RIEM

Dit is een van de eenvoudigste en snelste manieren om een outfit mooier te maken. Er moet in het leven van iedere vrouw wel een riem zijn die ze over een saaie zwarte jurk kan dragen zodat die er onmiddellijk uitziet als het pronkstuk van haar garderobe. De riemen hoeven niet duur te zijn en nemen weinig ruimte in de kast in, zodat je een paar verschillende kunt kopen om te variëren.

Hij creëert vorm

Een riem kan een ongelooflijk mooi item zijn dat de aandacht trekt naar dat wat meestal het smalste deel van een vrouwenlichaam is.

Kies de juiste breedte

De breedte van de riem hangt af van de lengte van je bovenlijf en van de jurk die je draagt. Als je een kort lijf hebt is een smallere riem beter, maar op een lange jurk kun je meestal wel een bredere riem dragen omdat er voldoende stof onder de riem zit, zodat hij je niet precies in het midden doorsnijdt.

De vorm van de gesp is belangrijk

Vrouwen met grotere borsten staat een ronde gesp goed, maar als je erg hoekig bent kun je het best een rechthoekige gesp kiezen.

Overdag en 's avonds

Een opvallende riem is een van de eenvoudigste en snelste manieren om een outfit voor overdag te veranderen in een outfit voor de avond. Misschien heeft hij een prachtige gesp, is hij van metaal - zilver of goud - of zitten er parels op, maar het wordt een sieraad dat je outfit interessant en opvallend zal maken.

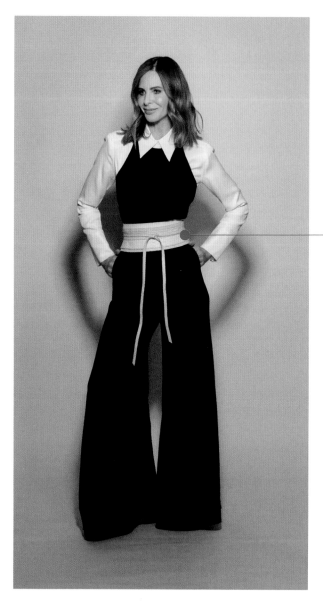

Een Obi-ceintuur is een erg goede tailleband. Ze zijn te koop in verschillende breedten. Deze witte ceintuur gaat om je taille en wordt vooraan vast-geknoopt. Je kunt er je vormen mooi mee laten uitkomen en ze zijn meestal een beetje gebogen om je taille extra te benadrukken.

Als je een korte taille hebt, is een smalle ceintuur de perfecte manier om je taille te benadrukken omdat een brede riem recht van je borst naar je heupen zal overlopen en je vormen zal verbergen. Een smalle ceintuur over een wijdvallende zomerjurk zal de aandacht richten op je lichaamsvorm.

Een riem met een opvallende gesp is heel geschikt als je een korte taille hebt of klein bent. De continuïteit van je romp wordt niet onderbroken zodat je taille niet nog korter lijkt.

PAULINE

De fantastische, opvallende riem geeft deze jurk een prachtige vorm.

Laagjes maken

Ik houd van laagjes. Het vraagt wel wat aandacht, maar we willen leren hoe we items op verrassende manieren kunnen combineren. Met laagjes creëer je een zelfverzekerde look. Ze zijn ook handig, omdat je de kleren die je overdag draagt gemakkelijk kunt aanpassen voor de avond. Laagjes bezitten een continuïteit waar je blij van wordt en je zult het voelen als je het goed doet.

Het kost meer tijd om een gelaagde outfit samen te stellen omdat je zowel kleur, lengte als continuïteit in de gaten moet houden, maar het is praktisch en leuk. Natuurlijk kun je contrasterende lengtes in rokken en jassen beter vermijden, maar met zachte laagjes kunnen de regels wel degelijk veranderen.

Velen van ons zijn bang dat laagjes dik maken. Om dat te vermijden gebruiken we meestal erg dunne laagjes, zoals een zacht gilet of een lange maar dunne blouse.

Een look staat mooi als elke laag op de juiste plaats eindigt. Bedenk wat je wilt bedekken en wat je wilt benadrukken. Zo ontstaat een bewust en vloeiend geheel en geen verzameling lange stukken stof waardoor je langer lijkt of er overladen uitziet.

Vergeet niet je vormen in ere te houden. Als je de aandacht richt op je taille en een enkel of pols laat zien, zal het contrast tussen deze slanke lichaamsdelen en de verschillende zachte lagen je altijd flatteren.

Onthoud dat de gebruikte kleuren en tinten belangrijk zijn: ze moeten bij elkaar passen en niet vloeken.

- Een top voor de helft in een broek is al een goed begin. Verzacht het punt waar je boven- en onderkant bij elkaar komen door een vloeiende overgang te creëren.

- Je kunt een dun gilet onder een jasje dragen, vooral als het jasje iets te kort is en net niet tot het juiste deel van de billen loopt. Door een dikker gilet over een jas (misschien van namaakbont) aan te trekken, voor extra warmte in de winter, heb je geen zware jas nodig die je tegen lunchtijd onder je arm mee moet dragen. Een jasje met een gilet erover, wordt een jas.

- Doe een riem over laagjes om de outfit structuur te geven.

- Draag een broek onder een rok. Houd alleen in de gaten waar elke laag eindigt en vraag je af of je je enkel onder de broek en rok moet kunnen zien. Een dunne broek onder een kaftan is hiervan een heel goed, praktisch voorbeeld. Als je 's zomers door de stad loopt kun je beter geen losvallende kaftan met spleten aan de zijkant dragen, maar met een broek eronder en een plateauzool wordt het een heel andere outfit.

Accessoires voor elke look

Terwijl kleding, in zijn meest basic vorm, je gedurende de dag bedekt, zijn accessoires perfect om onze stijl en karakter mee te uiten, te experimenteren en onze outfit naar een hoger niveau te tillen. Over het algemeen raken accessoires niet uit de mode, dus ze zullen het langst meegaan in je garderobe. Ze vormen een eenvoudige manier om een outfit waar je op uitgekeken bent nieuw leven in te blazen.

Met accessoires kunnen we ook de delen van ons lichaam die we mooi vinden en waar we ons zelfverzekerd over voelen, benadrukken. Vrouwen met elegante enkels zouden een prachtige verzameling schoenen moeten hebben. Als je een wespentaille hebt, kun je daar de aandacht op vestigen met een opvallende riem.

Accessoires verbeteren ook een outfit die niet zo staat als jij het wilt. Een opvallende ketting leidt af van een kraag die niet helemaal recht zit. Een sjaal zorgt voor wat kleur vlak bij je gezicht als je je moe voelt.

Ze zijn ook nuttig op reis omdat ze in een wip een outfit kunnen veranderen en weinig plaats innemen. Een paar oorbellen en een metallic sjaal zijn perfect om een neutrale look op te peppen zodat je die ook 's avonds kunt gebruiken.

Als je bij het kleden nog niet helemaal over je angst heen bent, kun je allereerst met accessoires aan de gang gaan. Voeg slechts één element toe aan je outfit en toon je persoonlijkheid door de keus van je accessoires.

Met de juiste accessoires wordt een garderobe beter draagbaar

Sjaals

Een sjaal kan kleur bij je gezicht brengen, dus kies ze altijd in de voor jou meest geschikte tinten. Als je kleurenblokken draagt, zal de juiste sjaal er een geheel van maken. En sjaals zijn geweldig voor een extra element als je laagjes draagt en prints combineert. Een mooie gedessineerde sjaal kan je inspiratie geven voor de kleuren die erbij passen en hoe je kleurenblokken kunt vormen. Sjaals helpen je om je outfit te verbeteren.

Haal altijd voorzichtig het label eraf. Of de sjaal nu van Hermès of H&M is, het label komt op een of andere manier altijd aan de voorkant terecht.

Tassen

Ik denk niet dat ik een vrouw ken die minder dan vijf tassen heeft. Ik zal niet voorstellen om er nog meer te kopen, omdat tassen bij verschillende levensstijlen horen en voor iedereen weer iets anders betekenen. De tassen die volgens mij iedereen nuttig vindt zijn een zwarte tas, een metallic tas (zie blz. 254), een neon tas en een schoudertas.

Riemen

Zij kunnen elke outfit afmaken (zie blz. 268). De beste riemen zijn vaak vintage aankopen, omdat je dan geweldige kwaliteit kunt vinden voor een lage prijs.

Sieraden

Het draait er nooit om hoe duur ze zijn. Ik heb goedkope en dure sieraden en ik zou geen van beide willen missen. Misschien ben jij iemand die één mooi stuk gebruikt om een outfit af te maken. Of je geeft de voorkeur aan een subtiele voortzetting van de kleuren die terugkomen in je oorbellen, je schoenen en je tas. Of je voegt juist wat contrast toe.

- Als ik wil zien wat voor oorbellen een vrouw het beste staan, dan kijk ik naar de hoeken van haar gezicht en de lengte van haar nek. Er is een ruimte tussen de onderkant van ons oor en onze kaaklijn. Bedenk hoe je deze ruimte in wilt vullen.

- Als je een lange, dunne nek hebt, probeer dan eens een flinke oorbel die deze ruimte opvult. Hij zal je gezicht omlijsten en structuur toevoegen.

- Als je grote jukbeenderen hebt, kun je ze benadrukken met een oorbel in diamantvorm omdat die deze lijn zal versterken. Een druppelvormige oorbel staat de meesten van ons goed als hij de juiste grootte heeft.

- Groot of klein kan van je karakter afhangen. Als je een bril draagt zijn grote oorringen misschien lastig en mensen met erg fijne trekken kunnen beter geen enorme oorbellen kiezen. Experimenteer.

- Bij vintage sieraden kun je items vinden die niemand anders heeft. Ik houd de vuistregel aan dat als er tussen de periode van het sieraad en jouw leeftijd meer dan veertig jaar verschil zit, je het beter niet op de blote huid kunt dragen. Op stof zal het er anders uitzien en een moderne uitstraling hebben.

- Ik houd ervan laagjes kettingen te gebruiken. Je kunt allerlei combinaties bedenken en een wat klassiek snoer parels kun je modern maken door een gouden schakelketting toe te voegen.

- Mix armbanden in verschillende breedtes voor meer textuur.

- Heb je een ketting met de verkeerde lengte? Maak hem dan langer door de sluitingen van twee kettingen aan elkaar te maken.

Zonnebril

Met een zonnebril kun je plezier hebben omdat hij je dag echt kan opvrolijken (zie blz. 260). Je kunt enkele van de regels voor een bril (zie blz. 206) aan je laars lappen. Een uitgesproken zonnebril zal je hele look veranderen.

Kwaliteit van de glazen

Als je een goede zonnebril wilt kopen, zoek er dan een met het CE- of UV400-teken op het montuur. UV400 beschermt je ogen tegen 99% van de UVA- en UVB-stralen. CE betekent dat de glazen voldoen aan de Europese veiligheidsstandaard, maar deze bieden niet zoveel bescherming als UV400. Gepolariseerde glazen verminderen de schittering van oppervlakken die licht weerkaatsen en dat is rustiger voor je ogen.

Bril opbergen

Gooi je bril liever niet los in je handtas waar deze krassen zal oplopen – we moeten goed zorgen voor de dingen waarvan we houden, zodat ze lang meegaan. Investeer in een leuke brillenkoker, dan zul je hem misschien eerder gebruiken. Als je meerdere brillen hebt, bewaar ze dan waar je ze kunt zien. Niets is triester dan een geweldige zonnebril die in een laatje ligt te verstoffen. Er bestaan volop goedkope, speciaal daarvoor ontworpen oplossingen om ze op te bergen.

Leesbril

Degenen onder jullie die een leesbril dragen – kom eens even hier. Alle anderen kunnen dit stukje overslaan. Als je een leesbril nodig hebt, kies dan alsjeblieft een leuke uit! We kunnen onszelf ouder maken als we onze leesbril zien als een noodzakelijk kwaad en niet als een gelegenheid voor stijl. Als ik tijdens een vergadering mijn chocolade-bruine fluwelen leesbril met luipaardprint poten opzet, maak ik een statement en ben ik heel aanwezig in de kamer. Dit is het perfecte voorbeeld van waar je je standaard kunt verhogen. Neem geen genoegen met lelijk of saai.

Een simpele witte blouse op acht manieren gestyled

Ik hoop dat al dit gepraat over prints, kleuren en niet-essentiële essentiële items je heeft geïnspireerd om op een totaal nieuwe manier naar je kledingkast te kijken. Maar hoe kunnen we de items waarvan we houden nog meer voor ons laten doen?

De meesten van ons hebben wel een witte blouse (of crème of ecru - wat jouw tint ook is) in onze garderobe en dat is een item met talloze mogelijkheden. Ik daag je dus uit om die trouwe vriend te pakken en om te zien of je acht verschillende manieren kunt vinden om hem te stylen.

Even iets over kragen

Als je tenger en klein bent, kan een kraag al gauw te veel zijn. Voor jou is een eenvoudigere blouse veel beter geschikt.

Hoe simpeler de blouse, hoe gemakkelijker het is om hem te stylen. Als jij je het liefst vrouwelijk kleedt, is een grote gesloten kraag heel geschikt, maar als je hoekig bent of grote borsten hebt staat dit je misschien niet zo goed.

Een blouse met een kleine kraag over een T-shirt met een hoge ronde hals, en alleen de bovenste knoop gesloten, staat heel chic. Het maakt je gezicht scherper en dat zal veel gezichtsvormen flatteren.

Laat de items die we al hebben meer voor ons doen

1 Halsketting
Sla je kraag naar binnen om en draag een halsketting: geweldig voor een avondje uit.

2 Gilet
Benadrukt je vorm en voegt structuur toe.

3 Oorbel als broche
De perfecte toepassing van een oorbel.

4 Paillettensjaal
Een dunne sjaal als das trekt de aandacht.

5 Kraag omhoog
Zet je kraag omhoog en draai één kant onder de andere om structuur te creëren.

6 Draai
Draai de kraag om bij de nek. Trek de blouse achterstevoren aan. Sluit de knopen op de rug.

7 Onder een jurk
Zo wordt een elegante blouse wat nonchalanter.

8 Onder een top
Met een top erover accentueer je de taille.

Van nacht naar dag

Hoe vaak zie je in je kledingkast de jurken en items waaraan je het meest hebt uitgegeven maar die je het minst hebt gedragen?

Je zult je veel beter voelen als je een manier kunt vinden om ze geschikt te maken voor 'alledag' en ze meer te dragen. Ze zijn dan geen ongerechtvaardigde verkwisting meer maar een goede investering.

Een echt prachtig kledingstuk verdient het om te worden gedragen. Daarom wil ik dat je probeert om ze aan te passen zodat ze gaan behoren tot je dagelijkse garderobe.

Op de volgende bladzijden heb ik een paar ideetjes gegeven hoe je een opvallend kledingstuk informeler kunt maken, maar gebruik ook de regels van de laagjes (zie blz. 272) en prints (zie blz. 238) om verder te experimenteren. Het is een leuk proces waarbij je je stijl leert ontwikkelen en een mooi kledingstuk kunt gebruiken om te ontdekken wat jou goed staat.

Iets prachtigs verdient het om gedragen te worden

Pailletten-jurk

's Avonds

Overdag

Laagjes zijn de oplossing. Daar is een gilet geschikt voor omdat hij van een jurk een rok maakt en de hoeveelheid zichtbare pailletten vermindert.

Let op de schoen die je hierbij kiest. Hij moet de jurk geschikt maken voor overdag. Ik heb een stoere zwarte laars en een donkere panty gebruikt.

Elegante overhemd-jurk

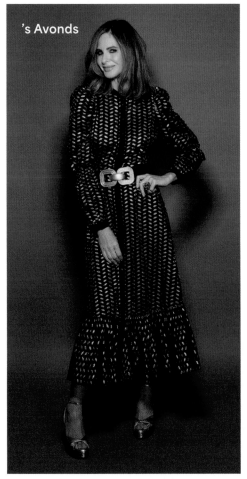

's Avonds

Overdag

Doe de knopen open! Maak er een jas-jurk van.

Beschouw de jurk als een jas en bedenk hoe je de dagelijkse outfit eronder in laagjes kunt aanbrengen en stylen. Ik heb een zwarte outfit gekozen, die door de jas-jurk wordt opgefrist.

Jumpsuit met pailletten

's Avonds

Overdag

Draag er een truitje onder om dit item snel te veranderen. Of draag er een truitje over zodat de jumpsuit een broek wordt.

Draag een sportschoen of een stoere laars, afhankelijk van het seizoen. Voeg als laagjes een sjaal, een getailleerde jas en een schoudertas toe en maak het chique item zo nonchalanter.

Felle zijden jurk

's Avonds

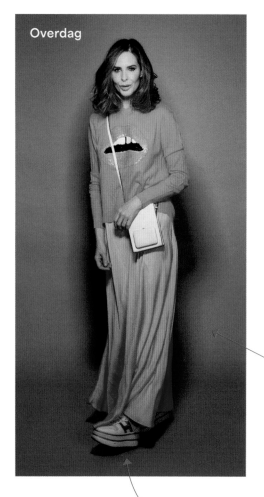

Overdag

Deze look werkt omdat de trui een net zo felle kleur heeft als de jurk. Hij moet je jurk complementeren. Als hij een overheersende of contrasterende kleur had, zou de jurk nog steeds een jurk blijven.

Door de afbeelding op de trui voelt de look ongedwongen en relaxter aan. Draag hierbij witte sportschoenen en een eenvoudige schoudertas om de zijde wat nonchalanter te maken.

Zilveren broek

's Avonds

Overdag

Ik draag hem eigenlijk vaker overdag en heb hem ook met dat idee gekocht. Als je in winkels naar items voor speciale gelegenheden zoekt, bedenk dan of je ze misschien ook kunt gebruiken om je dagelijkse garderobe te verfraaien.

Draag hierbij altijd nonchalantere items zoals een T-shirt, een sweater en een witte sportschoen.

Omarm jouw stijl

Ik wil dat je jezelf met zelfvertrouwen en overtuiging kleedt, energie aan je dag geeft en niet bang bent om gezien te worden. En voor mij betekent dat dat we elk deel van wie we zijn omarmen in wat we dragen en hoe we het dragen.

De vrouwen die ik door de jaren heen heb ontmoet en gestyled, hebben me laten zien dat er bepaalde basis-'stijlpersoonlijkheden' bestaan. Die worden gevormd door ons karakter, de kleren en accessoires die ons blij maken en wat we aan de wereld willen laten zien.

Er zal een stijlpersoonlijkheid zijn die het meest nauwkeurig weerspiegelt hoe jij je graag kleedt, maar je kunt inspiratie vinden in verschillende stijlen. Er kunnen één of twee stijlen zijn waarvan je denkt: 'dat ben ik helemaal niet', maar de realiteit is dat we allemaal veelzijdig zijn en de meest zelfverzekerden onder ons zullen dan ook elementen uit elke stijl halen. De ene dag kan dit iets anders zijn dan de andere. Dit gaat over zoveel meer dan kleding. Het gaat over de energie die we naar de wereld uitstralen. Ik heb hier twee dingen voor ogen:

1 Hoe kun jij je stijlpersoonlijkheid omarmen en je outfits nog meer verbeteren? Hoe kun je je stijl activeren?

2 Ik wil je ook aanmoedigen om naar andere stijlen te kijken die niet per se weerspiegelen hoe jij je dagelijks kleedt en je af te vragen: 'Wat kan ik daarvan gebruiken?'

Als je van getailleerde kleding houdt, bezit je waarschijnlijk niet veel zwierige vrouwelijke jurken. Maar zou een deel van jou wel eens iets zachters en meer ongedwongen willen proberen? Als je van boho chic houdt spreekt een minimalistische stijl je misschien niet meteen aan, maar dit geeft je de kans om strakkere elementen toe te voegen. En we hebben er allemaal baat bij te weten waardoor we ons sexy voelen en hoe we dat ongeacht stijl of leeftijd in onze look kunnen verwerken. Het draait erom dingen die je verloren dacht te hebben, weer tot leven te wekken en dingen te vinden waarvan je niet wist dat je ze had.

De 7 stijlpersoonlijkheden

01 MINIMALIST

Begrijpt vorm en lijn perfect; ontdoet zich van elk onnodig detail.

02 MODERN KLASSIEK

Begrijpt vorm en lijn perfect; ontdoet zich van elk onnodig detail.

03 ZACHT VROUWELIJK

Houdt van mooie prints en zachte romantische vormen.

04 ALTIJD SEXY

Veel zelfvertrouwen, bewust van haar seksualiteit.

05 ROCK CHIC

Gedurfd; vertegenwoordigt de energie van late nachten en harde muziek.

06 BOHO

Houdt van cool, kleurig en onconventioneel op een relaxte manier.

07 GEVARIEERD

Combineert graag prints, textuur, kleur en vorm op verrassende manieren. Niet bang om uit te pakken en op te vallen.

01 STIJL-PERSOONLIJKHEID

MINIMALIST

Deze stijl draait om discipline en kan immens krachtig zijn. Hij heeft strakkere grenzen dan de andere stijlen (zijn tegenhanger is gevarieerd, zie blz. 323), maar daarom is hij juist zo opvallend. Hij is erg structureel en strak, maar er is ook continuïteit. Er worden maar een paar eenvoudige items gebruikt die optimaal worden benut; ik heb er hier maar negen gebruikt. Het draait niet om versiering of op kunstige wijze de aandacht trekken; het draait om bondige, zuivere details en samenhangendheid. Het is een zelfverzekerde, architectonische stijl.

Je kunt deze stijl volgen als...

1   Je graag zwart en wit combineert.

2   Je een hekel hebt aan ophef, zowel fysiek als emotioneel.

3   Je beter werkt met minder keuzes.

4   Je van moderne architectuur houdt.

Ontdek hoe leuk deze stijl is

Ik voelde me heel bevrijd toen ik moest proberen meerdere outfits te creëren. Ik ontdekte dat ik al deze items in mijn handbagage kon stoppen en wel een maand op stap kon gaan. Het enige nadeel was dat ik niet veel kleur zou dragen! Het was fantastisch om zo'n groot aantal verrassende looks te bedenken en het minimalisme en het gebrek aan opsmuk werkten heel verfrissend.

Laagjes

Minimalisme gaat over laagjes. De lijnen en snit van elk afzonderlijk item zijn belangrijk, maar ook hoe ze samenwerken. Je ziet misschien een eenvoudig detail zoals een dubbele manchet of de textuur van een trui, maar niets is opvallend. Het draait erom hoe de outfit functioneert als een geheel. Het is een heel structurele, verzorgde look met een zekere continuïteit.

Minimalistische make-up

De basis van minimalistische make-up is een fris gezicht. Een minimalist gebruikt misschien rode lippenstift, maar de focus ligt op details en de nadruk op wat er is, zonder veel elementen toe te voegen. De basis is natuurlijk belangrijk, maar ook de wenkbrauwen. Breng een subtiele highlighter aan op de hoge delen van het gezicht en benadruk de ogen niet met te veel kleur, maar met een neutrale oogschaduw en zorgvuldig gevormde wimpers.

Enkele basisstukken

De garderobe van een minimalist zal meestal compact en monochroom zijn. Ik gebruikte een witte blouse, een zwarte broek, een zwarte jas, een T-shirt, een trui, een gilet, brogues, laarzen en een schoudertas. Alle items zijn zorgvuldig uitgekozen. Ik heb met maar negen items achttien looks gecreëerd. Meer is niet nodig omdat de meeste dingen bij elkaar passen. Een minimalist draagt sieraden, maar die zijn klassiek en sober. Het zou een zilveren armband of zelfs de ketting van een tas kunnen zijn. Haar moet sluik zijn.

MODERN KLASSIEK

Als jij van modern klassiek houdt, waardeer je een goed gesneden jasje of broek, maar breng je die tot leven met een paar coole details. Waarschijnlijk zit je kledingkast niet overdreven vol en passen al je kleren bij elkaar. Je houdt van mooie stoffen en zult eerder één goed pak kopen dan drie die ermee door kunnen. Je ziet er altijd verzorgd uit en draagt meestal effen items of ton-sur-ton looks. Het lukt je er altijd fris en modern uit te zien en meestal vermijd je prints. Dit is het toppunt van tijdloos kleden.

Je kunt deze stijl volgen als...

1 Je spaart voor enkele basisstukken met een goede snit.

2 Je je graag klassiek voelt, maar niet ouderwets.

3 Je van een verfijnd kleurenpalet houdt.

4 Het bij jouw kledingstijl draait om structuur en vorm.

Ontdek hoe leuk deze stijl is

De structuur van een modern klassieke garderobe geeft je een goede houding en zorgt ervoor dat je vol zelfvertrouwen voor de dag komt. Deze stijl is heel makkelijk te dragen omdat je maar een paar basisstukken nodig hebt, met wat aanpassingen in de accessoires en niet in de hele outfit. Je zult minder kopen en beter investeren en dat is niet alleen goed voor je portemonnee maar ook voor het welzijn van de planeet.

Draag accessoires

Gebruik een of twee accessoires om de aandacht te trekken, zonder dat ze een outfit rommelig maken of de show stelen. Coco Chanel zei: 'Kijk voor je van huis gaat in de spiegel en doe één ding af.' Daar ben ik het natuurlijk niet mee eens (ikzelf doe dan iets heel anders aan), maar als je het gevoel hebt dat je accessoires niet bij elkaar passen of dat het er te veel zijn, dan kun je een voorbeeld nemen aan de modern-klassieke stijlgids en het houden bij twee stuks.

Waardeer een goede snit

Wat jouw stijlpersoonlijkheid ook is, in je kast moeten altijd een goed gesneden mantel en jasje hangen. Dat ene item kan van een jeans en een T-shirt een geheel maken. Het draait om een stevige lijn over de schouders en de structuur die ontstaat door de revers.

Monochrome kleding

Er is niets chiquer dan verschillende texturen in dezelfde kleur. Kies items met een goede structuur en model en houd in de gaten hoe de items over elkaar vallen om te zorgen voor een mooi geheel.

03 STIJL-PERSOONLIJKHEID

ZACHT VROUWELIJK

Deze stijl wordt bepaald door tederheid. Dat uit zich in kleine prints - eerder knopjes en takjes dan een hele bloem - in zachte tinten. Chiffon, zijde, kant en broderie anglaise behoren allemaal tot deze look. Het is vooral belangrijk hoe mooi enkele van deze stoffen vallen, omdat dit stijltype haar taille benadrukt. Vergeet niet om alleen tinten uit dezelfde kleurenfamilie te gebruiken om samenhang te creëren.

Je kunt deze stijl volgen als...

1   Je van een kleine print houdt.

2   Je van zachte, delicate stoffen houdt.

3   Je van de heldinnen uit films van de jaren 40 houdt.

4   Je vrouwelijk, maar niet 'meisjesachtig' bent.

Ontdek hoe leuk deze stijl is

Als je al je hele leven een beetje meisjesachtig bent geweest, is dit de manier om te groeien en je look wat volwassener te maken. Maar als je nooit vrouwelijke kleding hebt gedragen en bang bent dat die je te meisjesachtig zal maken, is dit een manier om je look te verzachten zonder de elementen op te geven waar je al van houdt.

Laagjes maken

De mooie lichte stoffen die bij deze look horen zijn perfect voor laagjes omdat ze niet volumineus zijn. Op de stof zouden kleine takjes moeten staan. Als jij liever niet je bovenarmen laat zien, kun je ervoor kiezen om onder een tulpmouw met split een extra shirt te dragen. Je kunt ook een broek aandoen onder een jurk met splitten aan de zijkant. Onthoud alleen dat de kleuren dezelfde tint moeten hebben en zorg ervoor dat niets je afsnijdt rond de enkel of dat er te veel volume is rond de taille.

Lichtheid en lift

Appliqué en broderie anglaise zijn
de stoffen die bij deze stijl veel
worden gebruikt. Het kleurenpalet
van de zacht vrouwelijke stijl bestaat
uit oester, pastels, wit, bleekgoud
en zilver. Haal deze lichtheid naar
je gezicht door highlighter aan te
brengen onder je basiscrème voor
extra glans. Draag rouge hoger
op je jukbeenderen dan je
normaal zou doen. Parels
en andere witte oorbellen
zullen voor licht zorgen
vlak naast je huid.

Klassiek en modern

Zacht vrouwelijk bevindt zich dicht bij
klassiek en modern. De stof kan doen
denken aan klassieke vormen uit de
jaren 40 en 50, zoals een rok met hoge
taille of een A-lijn rok en plateauzolen.
Hoewel het dessin van deze jurk
erg vintage is, maakt de mouwvorm
hem modern. Combineer met een
geborstelde wenkbrauw en een felle
lippenstift voor een moderne touch.

04 STIJL-PERSOONLIJKHEID

ALTIJD SEXY

'Sexy' kleding betekent voor iedereen weer iets anders. Maar het komt erop neer dat je je lichaam laat zien met kleren die perfect passen en dat je de aandacht van aanwezigen leidt naar waar jij dat wilt. Je sexy voelen draait om alles in de hand hebben. Hoever je hierin wilt gaan hangt volgens mij van je persoonlijkheid af.

Je kunt deze stijl volgen als...

1 Je weet wat je pluspunten zijn.

2 Je geen moeite hebt met onthullende, suggestieve kleding.

3 Je van perfect passende rokken en broeken houdt en overdreven volume vermijdt.

4 Je kleren kunnen laten zien wat je misschien niet durft te zeggen.

Ontdek hoe leuk deze stijl is

Ik daag iedere vrouw uit om deze look uit te proberen. Ik had niet veel zin om deze stijl te fotograferen, maar ik heb er wel het meeste van geleerd. Door mijn grenzen te verleggen ging ik openstaan voor het idee dat ik sexy kon zijn en ik had nooit gedacht dat dat mogelijk was. Het is echt heel belangrijk om verschillende stijlen uit te proberen en te zien hoe je je erin voelt. Misschien verbaas je jezelf wel.

Sexy door details

Op het eerste gezicht lijkt dit modern klassiek, maar de broek is van leer en de schoenen hebben stilettohakken. Alleen al door de associatie van de textuur en de vorm van deze items wordt de look onmiddellijk sexy.

Wat zit eronder?

Sexy gaat niet over alles laten zien, maar over hints en suggesties. Dat zou een stukje van een zwarte bh onder een wit overhemd kunnen zijn of een getailleerd jasje met alleen een bh eronder, met een riem om de taille te accentueren. Als je een mooi decolleté hebt, zal een laag uitgesneden balconette-bh de borsten liften en de stof tot de taille laten doorlopen zodat een ononderbroken lijn ontstaat. Wie kleinere borsten heeft zal zich sexy voelen door het feit dat je alleen een bh onder het jasje draagt.

Het zit hem in de ogen

De altijd sexy vrouw heeft fascinerende ogen. Als je net als ik kleinere ogen en een groter gezicht hebt, is het de moeite waard om eyeliner aan te brengen of lichte smokey eyes te maken. Probeer metallics op het ooglid (met een beetje highlighter in de binnenste hoek voor meer glamour) en zwarte eyeliner langs de waterlijn. Bij deze look kan rode lippenstift mooi staan, maar denk ook eens aan een mysterieus bruin of zelfs een neutrale kleur zodat alle aandacht op de ogen blijft gericht. Je haar moet loshangen maar niet per se zo onverzorgd zijn als bij de rock chic-stijl.

ROCK CHIC

Veel vrouwen zouden stiekem wel rock chic willen zijn. Iconische vrouwen zoals Jane Birkin en Kate Moss maakten met hun vrijgevochten houding deze look populair. Als je iets ouder bent, denk je misschien dat deze stijl niets voor jou is, maar ik heb vrouwen ontmoet van 70 die hem tot in de perfectie volgen. Hij is ondeugender dan alle andere stijlpersoonlijkheden en heel opvallend.

Je kunt deze stijl volgen als...

1   Je een nieuwe manier zoekt om je sexy te voelen.

2   Je er niet wilt uitzien alsof je lang bezig bent geweest, maar toch mooi wilt zijn.

3   Een zwartleren jasje je favoriete kledingstuk is.

4   Je geen afstand kunt doen van je skinny jeans en je een nieuwe manier zoekt om hem te dragen.

Ontdek hoe leuk deze stijl is

Je weet of je deze look goed hebt aangepakt als je je erg cool en erg zelfverzekerd voelt. En dat gevoel willen we allemaal in ons leven. Deze look heeft iets zeer aantrekkelijks en haalbaars, hij geeft je het gevoel dat je durf hebt.

Zachte vormen

Rock chic is geïnspireerd op de
snit van de jaren 70, maar met het
verschil dat het eenvoudige gilet
niet geborduurd is en dat de blouse
eronder geen ruches heeft maar
doorzichtig en sexy is.

Rommelig is beter
dan perfect

Rock chic-vrouwen gaan meestal
's avonds op stap (hoewel ze toch een
prachtige zonnebril hebben) en ze
doen er geen eeuwen over zich klaar
te maken. Een rock chic-vrouw zal
altijd smokey eyes, een vleugje glans
en rommelig haar hebben. Gebruik
highlighter om je jukbeenderen
te benadrukken, maar rock chics
gebruiken geen rouge - ze willen er
niet te gezond uitzien!

Het draait om het jasje

Of het nu een stoer jack van namaakbont is, een trenchcoat of het klassieke leer, wat deze stijl juist cool maakt zit hem voornamelijk in het juiste jasje. Goede laarzen helpen ook, maar een rock chic kan gewoon een geweldig jasje over jeans en een T-shirt aandoen en klaar zijn om uit te gaan.

BOHO

Je hebt waarschijnlijk een goed oog voor kleur en print en je houdt van de ontspannen stijl en de creatieve mogelijkheden die boho biedt. Wanneer we een look uit een specifieke periode willen creëren, moeten we hem altijd modern maken. De boho vrouw kan vintage vondsten en moderne items in verschillende kleuren en dessins moeiteloos combineren en er outfits van maken.

Je kunt deze stijl volgen als...

1   Je behoorlijk wispelturig kunt zijn.

2   Je graag prints draagt.

3   Je van de jaren 70 houdt.

4   Je graag wilt opvallen.

Ontdek hoe leuk deze stijl is

Het is onmogelijk om boho te dragen en tegelijk bekrompen te zijn. Het is niet nodig om wijde items te dragen, maar het mooie van deze stijl is dat hij je zachtere kant naar buiten zal brengen. Je kunt verschillende dessins bij elkaar dragen en combinaties die je nooit eerder hebt geprobeerd. Ik draag deze look wanneer ik wat vrouwelijker wil zijn, omdat het haast een veiligere manier is om je sexyer te voelen.

Prints

Als je verschillende prints bij elkaar wilt
dragen is het silhouet het belangrijkst.
Imiteer de vormen van de jaren 70.
Kies botsende prints en combineer
verschillende elementen uit
verschillende stijlen. Boho vrouwen
zijn goed in verrassende combinaties.
Onthoud dat je dessins kiest die
minstens twee kleuren gemeen
hebben en dat het makkelijker is om
prints van ongeveer dezelfde grootte
bij elkaar te dragen.

Continuïteit

Bij boho is niet structuur maar continuïteit belangrijk. De lange lijn van een broek, de manier waarop een blouse valt en lange gelaagde halskettingen dragen allemaal bij aan een zachte vrouwelijke look. De stijl heeft iets rommeligs en houdt niet van opsmuk. Boho doet niet aan stijfjes, dus een glimmend gezicht en enigszins verwarde haren zijn beter dan 'te verzorgd'. Je moet eruitzien alsof je net uit bed komt en je haar nog niet hebt gekamd. Felrode lippen en de boho-stijl passen niet bij elkaar.

Glitter

Boho is een heel vrolijke, grens-
verleggende manier van kleden.
Borduursels, franjes, kralen,
applicaties... alle details die te druk
zouden staan bij sommige andere
stijlpersoonlijkheden, kunnen hier
volop worden gebruikt. Een jack
van namaakbont of van fluweel - of
zelfs een cape - in plaats van een
getailleerde jas, is goede buiten-
kleding. In de winter draag je felle
pailletten en fluweel voor wat
glamour.

GEVARIEERD

De gevarieerde stijl staat voor je vrolijk en zelfverzekerd kleden. Hij is voor mensen die van kleren houden, die zich kleden nooit een opgave vinden en voor wie opvallen geen probleem is. Ze houden van tweed, namaakbont en fluweel, zorgen voor accent met pailletten, metallics en lurex, en kiezen opvallende prints. Dit is absoluut een luxueuze look, dus is er geen plaats voor katoen, zachte jersey en Bretonse strepen. Het gaat erom dat je weinig belang hecht aan de regels. Samenhangendheid doet er niet toe.

Je kunt deze stijl volgen als...

1   Je niet van regels houdt.

2   Je elke dag een ander aspect van je persoonlijkheid uitdrukt in je manier van kleden.

3   Je overal winkelt en alleen items koopt om hun individuele waarde.

4   Je jezelf beschrijft als een 'meer is meer'-persoon.

Ontdek hoe leuk deze stijl is

Voor deze look moet je de regels van het kleden loslaten en aan het experimenteren slaan. Hier volgt een goede manier om deze stijl te ontdekken: pak een kledingrek en hang daar al je meest extreme items aan op. Er zijn geen regels, haal gewoon alles wat opvallend is uit de kast. Leef je nu uit en creëer met alleen deze items een paar nieuwe outfits.

Vergeet je gezicht niet

Zelfs als je je avontuurlijk en creatief kleedt, moet je enkele fundamentele principes in de gaten houden. Je wilt niet dat je outfit jou draagt. Je zou daarom je make-up wat sterker moeten aanzetten – laat je ogen en wangen bijvoorbeeld glanzen als je pailletten of metallics draagt – of kies bewust welke kleur je vlak bij je gezicht draagt. Als je je luxueus kleedt, denk dan ook aan je haar. Dat moet ook verzorgd zijn.

Meer is meer, maar...

... het draait om de juiste dingen op de juiste plaats. Alle items moeten goed bij elkaar passen en elkaar niet overstemmen. Je kunt laagjes gebruiken, maar denk na over de details - tot en met een goudkleurige sok of een manchet met pailletten - in plaats van alles maar gewoon aan te trekken en er het beste van te hopen. Je moet ook hier je vormen laten uitkomen en niet verdwijnen onder al die pracht.

Sluit niets uit

Meng felle kleuren en texturen en draag prints in laagjes. Alles kan hier goed staan, dat is het leuke van de gevarieerde stijl. Maak je niet te druk over de gelegenheid waarop je het moet dragen. Mix vintage, oude en gloednieuwe items en creëer een opvallende, opwindende outfit.

Orde in de kast

Nu je je stijlpersoonlijkheid kent, is het tijd om te kijken hoe jij je kleding op orde houdt. Richt je kledingkast zo in dat je je geïnspireerd voelt wanneer je erin kijkt. Als hij donker en propvol is, zul je dingen kwijtraken en zal het moeilijker zijn om nieuwe ideeën te krijgen.

Aan het begin van een seizoen

Berg dingen op die je niet zult dragen. Gebruik goede opbergdozen onder het bed, in de trapkast, boven op een kast... Zorg ervoor dat je de items eerst wast en vervolgens goed inpakt.

Rangschik op kleur en gebruik

Je kunt items verdelen in kleuren van de regenboog, neutrale tinten en prints. Berg dan je werkkleding en zomerkleding bij elkaar op zodat de voornaamste kledingkast niet te vol wordt.

Kleerhangers

Hangertjes van ijzerdraad zijn verschrikkelijk. Ze raken in de war als je haastig dingen uit de kast trekt. Je zou zachte velours hangers kunnen gebruiken die dun zijn en weinig ruimte innemen. Lange hangers met een klem zijn het beste voor rokken omdat er geen clips aan zitten die kunnen blijven hangen, terwijl beklede hangers geschikt zijn voor zachte of delicate kledingstukken.

Accessoires

Ik ben bezeten van kleine kunststof opbergdozen. Je zult dingen vaker gebruiken als je ze kunt zien. Laat in tassen, ongeacht hun prijs, de vulling zitten zodat ze hun vorm niet verliezen (ik gebruik meestal bubbeltjesplastic). Ik pak stoffen tassen in zodat ze niet stoffig worden en ik leg hoeden op elkaar, bol op bol, zodat ze niet uit vorm raken.

Hoe berg je je kleding op?

De manier waarop ik voor mijn dingen zorg hangt niet af van hun prijs. Ik wil ze koesteren. Ik wil naar de dingen waarvan ik houd kijken en van het aankleden geen bron van stress maar van plezier maken.

Truien opbergen

Je kunt een trui opvouwen of oprollen zodat hij zijn vorm niet verliest. (Als je een iets te korte trui ophangt om hem te laten uitrekken, gebruik dan een brede kleerhanger.) Ik was een kasjmier trui op de hand en leg deze op een handdoek, rol hem dan op en laat hem drogen. Hang hem over een leuning of iets dergelijks als deze bijna droog is. Ik heb goedkope truien die zo al jaren meegaan.

Motten

Motten zijn je grootste vijand en dat zul je wel weten als ze ooit gaten hebben geknaagd in een kasjmier trui. Ze hebben een dure smaak en eten alleen je beste items (hoewel het eigenlijk de larven zijn die de schade veroorzaken). Je kunt truien die signalen van mottenactiviteit vertonen in de diepvries leggen, maar je moet ze daar minstens vijf dagen laten liggen om ook de eieren te doden. Breng de trui anders naar de stomerij om van ze af te komen.

Voorkomen is beter. Stofzuig de bodem van je kledingkast omdat ze houden van stoffige hoekjes en investeer in moderne motwerende middelen. Gebruik zakken met een ritssluiting als je kostbare kleren voor langere tijd wilt opbergen.

Houd je witte sportschoenen wit

Je kunt ze in de wasmachine wassen op een kort, koel wasprogramma met lage centrifugesnelheid, maar dat kan riskant zijn als de producent het niet aanbeveelt. Ik smeer met een schone, vochtige spons wat Cif over het leer of plastic. Verwijder het product met een vochtige doek en spoel de schoenen af onder de kraan. Vergeet niet ook de veters te wassen en stop ze daarvoor in een waszakje.

Over ondergoed

Het heeft geen zin om kleding met een mooie pasvorm te dragen als je daaronder het verkeerde ondergoed draagt.

De onderbroekenla

Gooi ongemakkelijke, oude onderbroeken weg; zij zijn geen goed begin van de dag. Zorg dat je altijd drie eenvoudige onderbroeken zonder naad hebt in je huidkleur, want die passen overal bij.

Bh's

Ik zou bladzijden vol kunnen schrijven over bh's en iedere vrouw heeft wel een model waarin ze zich het prettigst voelt. Jaren geleden deden Susannah en ik een show over bh's en 96% van de vrouwen droeg de verkeerde. De meeste zijn 2,5 cm te groot rond de borst en 1 cupmaat te klein. Onze borsten veranderen in ons leven van vorm en dus heb je van tijd tot tijd een andere maat nodig. Heb je grote borsten, draag dan een bh die ze optilt en scheidt in plaats van een bh die ze platdrukt en naar de zijkanten schuift. Dan zien je borsten er in de spiegel echt anders uit. Je moet ze niet verbergen, maar er trots op zijn!

Panty's en sokken

Gooi alle slobberige, lubberige panty's weg en zorg dat er geen een met een gat erin in je la blijft liggen. Schaf sokken van verschillende lengtes aan zodat je onaantrekkelijke gaten tussen je broek en je schoenen kunt voorkomen. Daarmee wordt de continuïteit verbroken.

Onderrokken

Een huidkleurige onderrok kan erg handig zijn. In veel jurken zit een goedkope ingenaaide onderrok, bijna nooit in de kleur van je huid en die ook nog eens statische elektriciteit veroorzaakt. Knip hem eruit en draag een huidkleurige onderrok, dat staat veel beter.

Maak een keuze

Voor je aan het ruimen slaat - dat is heel vermoeiend en kan een hele dag in beslag nemen - was je je haar en doe je wat make-up op. Je gaat beslissingen nemen over de vrouw die je bent en wat wel en niet staat en dus is het belangrijk dat je je goed voelt en er goed uitziet. Je wilt het verschil opmerken wanneer je dingen aantrekt die niet meer bij je passen. En om de goede items beter te kunnen zien.

Ik adviseer je om een vrijstaand kledingrek te kopen of te lenen, zodat je dingen buiten je kledingkast op kunt hangen en ze goed kunt bekijken. Haal alles uit de kast, uit de laden en vanonder het bed. Alles. En spreid het zo goed als je kunt uit. Doe dit in de woonkamer als die groter is en/of er meer licht is.

De vaarwelstapel

1 Begin met de dingen die niet passen. We moeten het lichaam kleden dat we nu hebben en niet het lichaam dat we in de toekomst willen hebben. Als je voortdurend kleren ziet van de verkeerde maat, zullen ze herinneringen oproepen en je een vervelend gevoel geven. Onze maten kunnen nu eenmaal variëren. Als je toch enkele grotere of kleinere items wilt bewaren, stop ze dan in een doos en berg ze op.

2 Nu je weet welke kleuren en tinten je goed staan (zie blz. 14), verwijder je de kleuren die daarmee contrasteren. Omdat je bij je gezicht niets wilt dragen wat niet jouw beste kleur is, gooi je elk shirt met de verkeerde kleur weg.

3 Kijk nu kritisch naar de dingen die je elke dag draagt. Als ze hun vorm hebben verloren, verwassen of kapot zijn en niet gerepareerd kunnen worden, zul je je moe voelen als je ze aantrekt. Als je er veel plezier van hebt gehad, neem je dan voor ze te vervangen door iets soortgelijks.

4 We hebben allemaal wel een joggingbroek die we dragen als we ons niet lekker voelen of ongesteld zijn, en een trui die ons herinnert aan een oud vriendje. Bedenk eens hoe je je voelt als je hem draagt. Is het tijd om verder te gaan en je standaard te verhogen?

De bewaarstapel

1 Hang aan het kledingrek de dingen die je draagt, in goede staat zijn en goed passen bij de vrouw die je nu bent.

2 Bekijk alle dingen die je zelden draagt, maar die je niet wilt weggooien. Dat zijn vaak de items die je voor een speciale gelegenheid hebt gekocht en veel hebben gekost. Je hebt ze weggelegd omdat ze speciaal zijn en hebt ze dus voor jezelf verborgen. Je ziet ze nooit als iets anders dan 'de jurk voor de bruiloft'. Als je geen drie manieren kunt bedenken om ze te dragen, zou je ze moeten wegdoen. Probeer te verzinnen hoe je het item ook op een gewone dag zou kunnen gebruiken (zie blz. 284).

3 Je hebt vast items die niet goed staan, maar die je graag wilt houden. Misschien is de stof schitterend maar flatteert de lengte je niet. Als de kleur bij je past, de kwaliteit hoog is en de vorm goed, zijn dit kandidaten voor een opfrisser (zie blz. 334).

4 En tot slot, als je iets wilt bewaren voor een dochter of iemand anders, zoek dan een andere plek om het veilig op te bergen, maar houd het niet in je kledingkast waar het in de weg hangt.

Hoe kun je oude vrienden nieuw leven inblazen?

Heb je bij het uitzoeken dingen gevonden die je nog steeds mooi vindt, maar die een probleempje hebben? Dan kunnen we iets doen voor onze loyale oude vrienden, door ze nieuw leven in te blazen zodat ze ons blij kunnen blijven maken.

Bij veel stomerijen kun je kleine veranderingen laten uitvoeren. Voor ingewikkeldere aanpassingen of reparaties moet je een kleermaker zoeken die niet alleen de kennis heeft maar je ook kan adviseren of de verandering het gewenste effect zal hebben. Hieronder blaas ik enkele oude vrienden nieuw leven in.

Doe iets voor je oude, trouwe vrienden

Een mantelpak met broek

1 Stop de onderkant van je broek in je sok en in een moderne laars om hem mooier te laten vallen.

2 Geef meer vorm aan de outfit door een riem om te doen en je shirt in de broek te stoppen.

3 Draag opvallende sieraden of armbanden.

Voor

Na

Een jurk met de verkeerde lengte

1   Als de jurk te kort is, knip er dan een stuk af zodat hij een shirt wordt dat je in een broek of een rok kunt stoppen.

2   Als de jurk te lang is, bepaal dan wat voor jou de juiste lengte is en pas hem daarop aan.

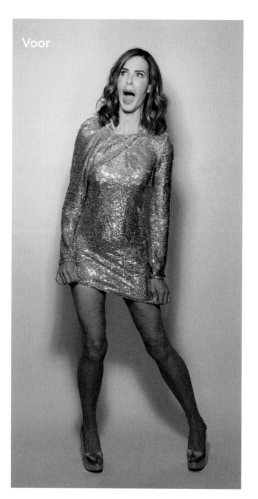

Voor

Na

Een slecht zittende jas

1 Als de mouwen van je jas te lang of te kort zijn, kun je het beste de mouwen afknippen en hem een nieuw leven geven als gilet.

2 Laat de schoudervullingen zitten. Zij geven het gilet een prachtige vorm.

VRAAG JEZELF AF:

1 Is de vorm goed maar de kleur verkeerd?

2 Is de kleur goed maar de vorm verkeerd? (Maar misschien wil je het veranderen, zie blz. 334)

3 Irriteert de stof je of ga je ervan transpireren?

4 Zitten er te veel ruches/bandjes aan of is het te druk voor jouw stijl?

5 Lijken je armen door de mouwen te lang of te kort?

6 Draagt de print jou in plaats van jij de print? (zie blz. 238)

7 Is het een vakantieaankoop die je toen geweldig vond, maar zul je hem nooit dragen?

8 Past het goed?

9 Zul je je er nooit prettig in voelen - kriebelt het of trek je altijd de zoom naar beneden?

DAAG JEZELF UIT

1 Ruil

In het kantoor van Trinny London houden we twee keer per jaar een feest waar we allemaal kledingstukken meebrengen die ons niet meer bevallen en ze dan met elkaar ruilen. We doen spelletjes om te besluiten wie als eerste mag kiezen. Je zou de etiketten af kunnen knippen zodat je een item niet kunt beoordelen aan de prijs, maar alleen aan de kwaliteit en of je het mooi vindt. Het is leuk en een geweldige manier om voor items een nieuwe eigenaar te vinden. Je kunt een liefdadigheidsevenement organiseren of het gewoon met vrienden thuis doen.

2 Doneer

Naast de traditionele kringloopwinkels zijn er talloze organisaties, zoals het Leger des Heils, waaraan je kleding kunt doneren. Ook online vind je veel mogelijkheden om te helpen met kleding die je niet meer gebruikt, zoals textcollect.nl en reshare.nl.

3 Verkoop

Er zijn steeds meer mogelijkheden om online kleding te verkopen, of dat nu designkleding, confectie of tweedehandskleding is. Jouw liefdesrelatie met een item kan op zijn einde lopen, maar is misschien precies waar iemand anders naar op zoek is en het is een eenvoudige manier om iets te verdienen met de kleren die je niet meer draagt.

Shoppen zonder angst

Nu je weet welke kleuren, vormen en stijlen bij jouw persoonlijkheid passen, kun je shoppen zonder angst. Waar je ook winkelt, de principes zijn dezelfde. Ga met een duidelijk doel op pad en pas op dat je niet vervalt in oude gewoonten die je niet meer nodig hebt.

Hoe je gaat winkelen hangt af van je persoonlijkheid. Als je achter in je kledingkast veel nooit gedragen kleren hebt gevonden, moet je oppassen voor emotioneel koopgedrag. Hier volgen een paar tips die je kunnen helpen.

Stel een doel

Je begint met een missie en eindigt met een andere... Daar gaan we vaak de fout in. Als je aan het winkelen bent om een jurk voor een specifieke gelegenheid te kopen, concentreer je daar dan op en laat je niet afleiden door andere dingen. Ben je voor je plezier aan het shoppen met een vriendin, dan kun je misschien experimenteren met nieuwe ideeën en de hulp en mening van iemand anders goed gebruiken. Houd een lijstje bij op je telefoon van de dingen die je nodig hebt en van de kleuren die je mooi staan.

Vermijd winkelen bij noodgevallen

Hier maken we vaak de meeste fouten. Als we in paniek rondrennen in een poging een jurk voor diezelfde avond te vinden, staan we te veel onder druk en zullen we daar niet snel in slagen. Bedenk hoe vaak je een chique outfit nodig hebt, kijk naar de items in je kledingkast en besluit op je volgende shoppingtour die prachtige uitgaanskleding te kopen. Geef jezelf de tijd om verliefd te worden op de jurken en bied jezelf wat keuzemogelijkheden: dan zul je je wanneer je ze draagt altijd zelfverzekerd voelen.

Online shoppen

Ook ik koop wel eens midden in de nacht, wanneer ik niet kan slapen, iets online en stuur daarna 90% ervan weer terug. We trappen allemaal in die val, maar meestal is het een verspilling van onze tijd.

Doe alsof online shopping een afspraak is. Kies een tijdstip, zet het in je agenda en ga er speciaal voor zitten. Doe het niet wanneer je even achter in een taxi zit. Emotioneel, gehaast online shoppen om jezelf een kick te geven lijkt gewoon een beetje te veel op dronken sms'en: het loopt bijna nooit goed af.

Hoe ga je winkelen

Elke website heeft een filter. Voor je gaat scrollen, besluit je waar je naar zoekt en filter je op maat, print en kleur. Zo zul je niet worden afgeleid. Zoek altijd alleen naar jouw maat.

Maten

Ja, het is soms lastig om te weten welke maat je moet kiezen bij online shopping, vooral bij een onbekend merk, maar je kunt deze informatie op steeds meer websites vinden. Ken je eigen maten - het zijn maar getallen, het is niet moeilijk en het kan je echt helpen om kleren te kopen die je passen zonder bergen items terug te moeten sturen. Soms staat er alleen: 'Het model is 1.78 m lang en draagt maat 36.' Dat zegt je niet veel meer dan dat ze erg slank is voor haar lengte. Als dat het enige is waarmee je kunt werken, kijk dan hoe goed het haar past en ga daarvan uit.

In de regel is designmode kleiner dan confectie, met uitzondering van de confectie voor tieners, die kleiner is dan designerkleding voor tieners. Houd er rekening mee dat verschillende collecties van hetzelfde merk verschillende modellen voor hun maten gebruiken. Als je al iets hebt uit een bepaalde collectie, zou het kunnen verschillen van iets uit een andere collectie.

Shoppen in winkels

Als je klaar bent voor doelbewust shoppen om de gaten die in je garderobe zitten op te vullen, volgen hier enkele tips:

Weet waar je naartoe gaat

Stippel een route uit langs vier of vijf winkels die kleding hebben voor jouw lichaamsvorm en jouw budget. Als je tijd hebt, kun je altijd nog een paar andere winkels proberen.

Bereid je voor

Ja, het licht in paskamers is meestal afschuwelijk. Daar kun je niet veel aan veranderen, maar je kunt gaan passen met make-up op, goed haar en het gevoel dat je je beste zelf bent. Doe hakken aan en neem corrigerende onderkleding mee.

Doe oogkleppen op!

Negeer alles wat niet van jouw kleur, vorm of stof is. Pas kleding voor je het koopt zodat je geen items terug hoeft te brengen.

Maak een foto

Hoe we onszelf in de spiegel zien verschilt vaak behoorlijk van hoe we onszelf op een foto zien. Dan kunnen we objectiever zijn.

Koop het niet meteen

Het helpt echt om er een nachtje over te slapen. Dan kun je bepalen of je het echt nodig hebt en of je het echt wilt hebben.

Voel aan de stof

Verfrommel de stof om te zien of hij erg kreukt. Is hij statisch? Doe geen concessies! Ga gewoon verder als iets niet oké is.

Tweedehands winkelen

Er zijn veel goede redenen om online of in winkels tweedehands items te zoeken. Natuurlijk is er eerst het duurzaamheidsaspect. We weten allemaal dat snelle mode de planeet schade berokkent. Ook daarom moeten we de dingen die we al hebben naar waarde schatten, ze veel gebruiken en goed verzorgen zodat ze zo lang mogelijk meegaan. Verder is het opwindend om iets bijzonders te vinden dat niemand anders heeft, of een koopje te ontdekken en de kans om een designerstuk van een paar seizoenen geleden te kopen dat eerst te duur was.

Er komen steeds meer sites voor tweedehandskleding en waar jij naar kijkt hangt af van waar je naar zoekt. Lyla heeft bijvoorbeeld een neus voor dingen die ze mooi vindt op Depop, terwijl ik uren doorbreng op Vestiaire Collective. Waar jouw voorkeuren ook liggen, vergeet niet om te kijken naar:

De staat

Je wilt geen item in je kast dat al versleten is of zijn vorm begint te verliezen. Als je online shopt en daar niet zeker van bent, koop het dan niet.

De maat

Vraag de precieze maten aan de verkoper. Maten variëren, vooral bij tweedehandskleding.

Zorg goed voor je kleren zodat ze zo lang mogelijk meegaan

Register

Nog wat advies

Als je meer hulp nodig hebt, vraag daar dan om. Hieronder staan enkele bronnen die je van nut kunnen zijn:

Geestelijke gezondheid:

Geestelijke gezondheidszorg (GGZ)
www.ggz.nl

Rijksoverheid
www.rijksoverheid.nl/onderwerpen/
geestelijke-gezondheidszorg

Centra Geestelijke Gezondheidszorg
www.centrageestelijke
gezondheidszorg.be

Federale Overheidsdienst Volksgezondheid
www.health.belgium.be

Vlaamse Overheid
www.vlaanderen.be/gezondheid-
en-welzijn/gezondheid/
psychische=gezondheid

Trimbos Instituut
www.trimbos.nl

Verslaving:

Anonieme alcoholisten
aa-nederland.nl

Anonieme verslaafden
www.na.org/?ID=ips-nl-nl-IP22

GGZ Interventie
www.ggzinterventie.nl/
gokverslaving/

Jellinek
www.jellinek.nl

Relaties:

In de Bres
www.ggzindebres.nl

Psycholoog.nl

Lifestyle en beauty:

Trinny London
trinnylondon.com/uk

Victoria Health
victoriahealth.com

The Tweakments Guide
thetweakmentsguide.com

Dankwoord

Lisa Milton, uitgever bij HQ, die me het idee gaf om een boek te schrijven. Ik dacht dat ik daar gewoon geen tijd voor zou hebben, maar met haar hulp is het me toch gelukt.

Mijn redactrice Louise, die engelengeduld heeft en nooit haar passie voor perfectie verliest.

Mijn liefste Michael, hoe het ons is gelukt om het 25 jaar met elkaar uit te houden, getuigt ervan hoe je door dik en dun kunt gaan; je staat altijd voor me klaar.

Mijn vaste rots Weasie, ik weet niet wat ik zonder jou zou moeten. Jij bent de golfbreker die maakt dat ik in kalm water kan zwemmen. Molly, mijn Duracell-konijntje dat nooit stopt tot ze een klein ongelukje heeft en zelfs dan blijft ze bewegen; ze is altijd vrolijk en positief.

Annie, ik heb meer fotoshoots met jou gemaakt dan ik bij Zara heb gewinkeld... Je bent altijd geduldig en zorgt altijd dat alles klopt. Het is zo fijn om met iemand te werken die zo op één lijn zit met mijn eigen ideeën dat het werk en de inspanning maar half zo zwaar zijn. Dank aan jou, lieve Martha dat je ook tijdens onze hectische shoots voor dit boek altijd een oplossing vond.

Dan, bedankt voor je prachtige foto's en voor het feit dat je me een beetje tijdlozer laat voelen.

John, die van welk gezicht ik hem ook presenteer, mijn beste gezicht kan maken en altijd weet wanneer hij me op moet vrolijken!

Greg, haarmaestro, die alles van mijn haar weet en me er elke dag weer geweldig laat uitzien.

Kasun, onze haarmagiër op de set.

Ksenia, onze hoofdtechnicus bij Trinny London die heeft geholpen om ons Match2Me-algoritme om te zetten zodat het ook werkte voor het boek.

Claire, ons hoofd innovatiecentrum bij Trinny London, die me elke dag inspireert en me traint in huidverzorgingstheorieën.

Kellieann, die alleen zou helpen bij het hoofdstuk over make-up maar elke avond nog laat met mij aan het deel over kleur bleef werken.

Liz, Lucy en Jess, voor al hun geweldige hulp in de eerste researchfase.

Dr. Erika, die bij al het werk dat ze doet als hormoonspecialist, zich in de eerste plaats bekommert om de levensduur van vrouwen. Je hebt me geleerd om hormoonveranderingen te doorstaan en daar nog sterker uit te komen.

Victoria en Nathalie, die velen van ons hebben geholpen om tijdens de lockdown gezond te leven, en die ons geweldige tips voor het boek hebben gegeven.

Mijn lieve Shabir en Gill, de stichters van Victoria Health, van wie ik heb geleerd hoe we supplementen kunnen gebruiken en voor ons lichaam kunnen zorgen. De gulheid waarmee jullie je boodschap delen zodat meer mensen advies kunnen krijgen, inspireert me bijzonder.

Jo en Sanjai, de twee spirituele zwaargewichten die met ons gemediteerd hebben.

Odete, die lang voor me heeft gezorgd en die mijn moeder was als ik er een nodig had.

Het hele team van HQ voor hun passie en visie.

Imagist voor hun schitterende ontwerp.

Het hele team van Trinny London, oude en nieuwe medewerkers, die elke dag keihard hun best doen zodat vrouwen zich hun beste zelf kunnen voelen.

En tot slot de Trinny Tribe, een groep vrouwen die elkaar steunen en aanmoedigen om zich op hun best te voelen en die me inspireerden om dit boek te schrijven. Jullie bleven me maar vragen om al mijn adviezen te bundelen, dus hier zijn ze dan... Heel veel dank aan jullie allemaal voor jullie mooie foto's en sorry dat we ze niet allemaal konden gebruiken!

LINDA

CLARE

LIANA

KATARINA

MAIZATUL

KIM

LALA

KASIA

MARCELA

KOSM•S

www.kosmosuitgevers.nl

 kosmosuitgevers

 kosmos.uitgevers

© 2023 Kosmos Uitgevers, Utrecht/Antwerpen

ISBN 978 90 4393 137 3
E-book 978 90 4393 138 0
NUR 452/450

Oorspronkelijk uitgever: HQ, een imprint van HarperCollinsPublishers Ltd, Londen
Oorspronkelijke titel: *Fearless*
© 2023 HaperCollinsPublishers
Tekst: Trinny Woodall
Art directie: Laura Russell
Design: Imagist
Fotografie: Daniel Kennedy
Stylist: Annie Swain
Make-up: John Corcoran
Haar: Kasun Godallawathga

Vertaling: Barbara Beckers en Loes Giroldo
Zetwerk: Ap van Rijsoort, voor Scribent.nl
Projectbegeleiding: Lisette Drent

Alle foto's zijn gemaakt door **Daniel Kennedy**, met uitzondering van die op pagina's 158, 213, 215, 217, 219, 221, 223, 225, 227, 229, 231, 233, 235, 237, 239, 240, 246, 249, 253, 256, 259, 263, 267, 271, 351, (met dank aan de Trinny Tribe) en pagina's 20, 21, 22, 23, 24, 25, 40, 41, 42, 43, 44 en 45 (met dank aan Trinny London Limited).